天一国への道しるべ

真の子女の生活

文鮮明

◆小・中学生のための訓読教材◆

光言社

はじめに

真《まこと》の御父母様《ごふぼさま》の勝利《しょうり》により「天一国時代《てんいちこくじだい》」を迎《むか》え、顯進様《ヒョンジンさま》をはじめ真《まこと》の御子女様方《ごしじょさまがた》の勝利《しょうり》を土台《どだい》として、今《いま》、本格的《ほんかくてき》な二世時代《せいじだい》を迎《むか》えるようになりました。

このみ言集《ことばしゅう》は、これまで出版《しゅっぱん》され、好評《こうひょう》を博《はく》してきた『真《まこと》なる子女《しじょ》の道《みち》』の中《なか》から、祝福《しゅくふく》二世《せい》、特《とく》に小学生《しょうがくせい》および中高生《ちゅうこうせい》の皆《みな》さんにもかかわりのあるみ言《ことば》（第《だい》一章《しょう》、第《だい》二章《しょう》）を選《えら》び、読《よ》みやすいように総《そう》ルビで編集《へんしゅう》したものです。

子女教育関係《しじょきょういくかんけい》の本《ほん》は年《とし》を追《お》うごとに充実《じゅうじつ》しつつあります。しかし、二世《せい》の皆《みな》さん、特《とく》に小学生《しょうがくせい》および中高生《ちゅうこうせい》の皆《みな》さんを対象《たいしょう》にした真《まこと》の御父母様《ごふぼさま》だけのみ言集《ことばしゅう》は、今回《こんかい》が初《はじ》めてとなります。内容《ないよう》は、第《だい》一章《しょう》　本然《ほんぜん》の人間《にんげん》と真《まこと》の人生《じんせい》の道《みち》、第《だい》二章《しょう》　子女《しじょ》の責任分担《せきにんぶんたん》という構成《こうせい》でまとめられています。訓読時代《くんどくじだい》を迎《むか》えて祝福《しゅくふく》二世《せい》自《みずか》らが主体的《しゅたいてき》に訓読《くんどく》できる書籍《しょせき》がようやく発刊《はっかん》されることはうれしい限《かぎ》りです。

二世《せい》とは、正《まさ》に人類《じんるい》の花《はな》であり、摂理《せつり》の結実《けつじつ》です。しかし二世《せい》たちが学校《がっこう》や社会生活《しゃかいせいかつ》の中《なか》からしみ込《こ》んでくる不義《ふぎ》と、様々《さまざま》なる不道徳的環境《ふどうとくてきかんきょう》を払《はら》いのけて進《すす》んでいくには、あまりにもか弱《よわ》い立場《たちば》です。ゆえに二世《せい》が二世《せい》となった背景《はいけい》と、その天的基準《てんてききじゅん》を理解《りかい》するということは、真《まこと》なる二世《せい》となるための出発点《しゅっぱつてん》となります。

二世《せい》の皆《みな》さんがこのみ言集《ことばしゅう》を手《て》にすることにより、天《てん》と因縁《いんねん》を結《むす》んだ二世《せい》の価値《かち》を発見《はっけん》し、その価値《かち》によって神様《かみさま》の内的願《ないてきねが》いと期待《きたい》に合《あ》わせることができる次元《じげん》の高《たか》い生活目標《せいかつもくひょう》を、各自確立《かくじかくりつ》できるよう心《こころ》から願《ねが》うものです。そして本書《ほんしょ》が、二世《せい》の皆《みな》さんの今《いま》と未来《みらい》を支《ささ》える人生《じんせい》における大《おお》いなる指標《しひょう》となるよう心《こころ》から祈願《きがん》いたします。

二〇〇四年《ねん》四月《がつ》十九日《にち》

世界基督教統一神霊協会《せかいキリストきょうとういつしんれいきょうかい》

目《もく》次《じ》

CONTENTS

【第《だい》一章《しょう》】本然《ほんぜん》の人間《にんげん》と真《まこと》の人生《じんせい》の道《みち》

第《だい》一節《せつ》　真《まこと》の人間観《にんげんかん》

1　神様《かみさま》と人間《にんげん》にとって最《もっと》も貴《とうと》いもの

神様《かみさま》はエデンの園《その》にアダムとエバを造《つく》られましたが、神様《かみさま》にとって最《もっと》も貴《とうと》いものとは何《なに》かというと、人間《にんげん》なのです。このように神様《かみさま》が人間《にんげん》を最《もっと》も貴《とうと》く思《おも》われるその理由《りゆう》とは何《なに》かというと、神様《かみさま》は愛《あい》の対《たい》象《しょう》を必要《ひつよう》とされるからです。

神様《かみさま》がどんなに愛《あい》をもっていても、愛《あい》し得《う》る対《たい》象《しょう》がいなければ、愛《あい》を感《かん》じることはできないのです。愛《あい》は、相対的関係《そうたいてきかんけい》においての

み感《かん》じるのです。ですから、神様《かみさま》が人間《にんげん》を最《もっと》も貴《とうと》く思《おも》われるのは、愛《あい》し得《う》る対象《たいしょう》の位置《いち》、愛《あい》の対象《たいしょう》の位置《いち》に人間《にんげん》が立《た》っているからなのです。神様《かみさま》が最《もっと》も貴《とうと》く思《おも》われるのは、人間《にんげん》以外《いがい》にいないのです。

それでは、その人間《にんげん》が最《もっと》も貴《とうと》く感《かん》じ、貴《とうと》く思《おも》うことのできるものとは何《なん》でしょうか。それは、神様《かみさま》の愛《あい》を最《もっと》も貴《とうと》く思《おも》うというのです。人間《にんげん》は今《いま》まで、それが分《わ》からなかったのです。ですから、神様《かみさま》には人間《にんげん》の相対的愛《そうたいてきあい》が、人間《にんげん》には神様《かみさま》の主体的愛《しゅたいてきあい》が最《もっと》も貴《とうと》いものなのです。（一九八六・三・二一）

2　人間存在《にんげんそんざい》の起源《きげん》と目的《もくてき》

神様《かみさま》がなぜ人間《にんげん》を造《つく》られたのかというと、愛《あい》を成就《じょうじゅ》するためです。愛《あい》は、神様《かみさま》から始《はじ》まるのではありません。相対《そうたい》から探《さが》し出《だ》されるものなのです。愛《あい》は、相対《そうたい》がいなければ探《さが》し出《だ》せないのです。

ですから、神様《かみさま》が最高《さいこう》に貴《とうと》い愛《あい》を成就《じょうじゅ》するためには、相対《そうたい》が必要《ひつよう》なのです。神様《かみさま》も相《そう》対《たい》がいなければならなかったのです。それで、相対《そうたい》を造《つく》られたのです。相対《そうたい》を通《とお》してのみ絶対的《ぜったいてき》な愛《あい》を得《え》ることができるので、神様御自身《かみさまごじしん》も相対《そうたい》を探《さが》されるのです。そして神様《かみさま》も、愛《あい》のために生《い》きようとされるのです。神様《かみさま》も、愛《あい》のために存在《そんざい》するのです。このように、愛《あい》とは驚《おどろ》くべきものなのです。

神様《かみさま》は、人間《にんげん》のために存在《そんざい》し、人間《にんげん》も神様《かみさま》のために存在《そんざい》するのです。ですから、真《まこと》の愛《あい》というものは、「ために生《い》きる」ところから始《はじ》まるのです。本来《ほんらい》、人間《にんげん》はどこから生《う》まれてきたのでしょうか。それは、神様《かみさま》の愛《あい》から生《う》まれてきたのです。愛《あい》のゆえに生《う》まれたのです。愛《あい》が起源《きげん》なのです。

私《わたし》たち人間《にんげん》が受《う》け継《つ》いだ生命《せいめい》が貴《とうと》いのではありません。神様《かみさま》の愛《あい》の理念《りねん》を通《とお》して生命《せいめい》が生《しょう》じたのです。生命《せいめい》よりも愛《あい》が先《さき》なのです。愛《あい》が根《ね》を張《は》ったので、私《わたし》たちの生命《せいめい》が生《う》まれてきたのです。ですから、人間《にんげん》は愛《あい》によって生《う》まれ、愛《あい》によって育《そだ》ち、愛《あい》の相対《そうたい》に出会《であ》わなければならないのです。神様《かみさま》が一代目《だいめ》だとすれば、人間《にんげん》は二代目《だいめ》ということになるのです。神様《かみさま》が自《みずか》らの息子《むすこ》、娘《むすめ》を愛《あい》するように、その愛《あい》を体恤《たいじゅつ》（注《ちゅう》：自分《じぶん》のものにする）できる立場《たちば》に立《た》たなければ、神様《かみさま》の前《まえ》に完全《かんぜん》な愛《あい》の対象《たいしょう》にはなり得《え》ないのです。（一九八

六・三・二二）

3　神様《かみさま》が人間《にんげん》を造《つく》られた理由《りゆう》

神様《かみさま》がアダムとエバを造《つく》られた目的《もくてき》は、どこにあるのでしょうか。人間《にんげん》の形状《けいじょう》を見《み》てごらんなさい。まず体《からだ》をもっていますね。しかし、無形《むけい》なる神様《かみさま》には体《からだ》がありません。体《からだ》をもっていなければ、霊界《れいかい》や地上世界《ちじょうせかい》を治《おさ》めることはできないのです。ですから神様《かみさま》が人間《にんげん》の父母《ふぼ》として現《あらわ》れるためには、体《からだ》をもっていなければならないのです。その体《からだ》をまとって来《く》る代表《だいひょう》とは誰《だれ》かというと、アダムとエバだったのです。堕落《だらく》しなかったアダムとエバの体《からだ》をもって現《あらわ》れるのです。ですからアダムとエバは、人類《じんるい》の始祖《しそ》であると同時《どうじ》に、天地《てんち》を主宰《しゅさい》（注《ちゅう》：中心《ちゅうしん》となって治《おさ》める）する神様《かみさま》の実体《じったい》となるのです。実体《じったい》をもった神様《かみさま》、すなわち、永遠《えいえん》なる無形世界《むけいせかい》の神様《かみさま》の形状《けいじょう》の代身者《だいしんしゃ》として、父母《ふぼ》の立場《たちば》で世界《せかい》を統治《とうち》する責任者《せきにんしゃ》がアダムとエバであったというのです。

それでは、神様《かみさま》はどうしてアダムとエバを造《つく》られたのでしょうか。神様《かみさま》は、実体世界《じったいせかい》を造《つく》られた以上《いじょう》、実体世界《じったいせかい》の中心《ちゅうしん》のアダムとエバの形状《けいじょう》でもって、霊界《れいかい》と肉界《にくかい》を連結《れんけつ》させようとされたのです。そういう意味《いみ》で、神様《かみさま》はアダムとエバを造《つく》られたのです。

それで、霊界《れいかい》と肉界《にくかい》は何《なに》を中心《ちゅうしん》としているのかというと、霊界《れいかい》の代表《だいひょう》は神様《かみさま》であり、地上《ちじょう》の代表《だいひょう》はアダムとエバなのですが、これが連結《れんけつ》されなければならないのです。ですからアダムが生《い》きている間《あいだ》、彼《かれ》のもつ形態《けいたい》は地上《ちじょう》の国《くに》の王様《おうさま》なのです。分《わ》かりますか。永遠《えいえん》なる王様《おうさま》なのです。そのように永遠《えいえん》なる王権《おうけん》をもって現《あらわ》れたのです。それで、エバとは誰《だれ》かというと、王妃《おうひ》なのです。永遠《えいえん》なる王妃権《おうひけん》を代表《だいひょう》した王妃《おうひ》として登場《とうじょう》するのです。そして、永遠《えいえん》なる王権《おうけん》を代表《だいひょう》した夫婦《ふうふ》となり、霊界《れいかい》に行《い》って神様《かみさま》の代身《だいしん》としての役割《やくわり》をするのです。

それでは、神《かみ》の国《くに》に、無形《むけい》なる神様《かみさま》が独《ひと》りぼっちでいたとして何《なに》をするのでしょうか。見《み》えない神様《かみさま》では、何《なん》の役《やく》にも立《た》たないというのです。人間《にんげん》の父母《ふぼ》となるには、体《からだ》を通《とお》して感《かん》じることができなければなりません。このように、人間《にんげん》と同《おな》じ体《からだ》をもたなければならないので、神様《かみさま》はやむなくアダムとエバを二重的存在《じゅうてきそんざい》として造《つく》らざるを得《え》なかったというのです。

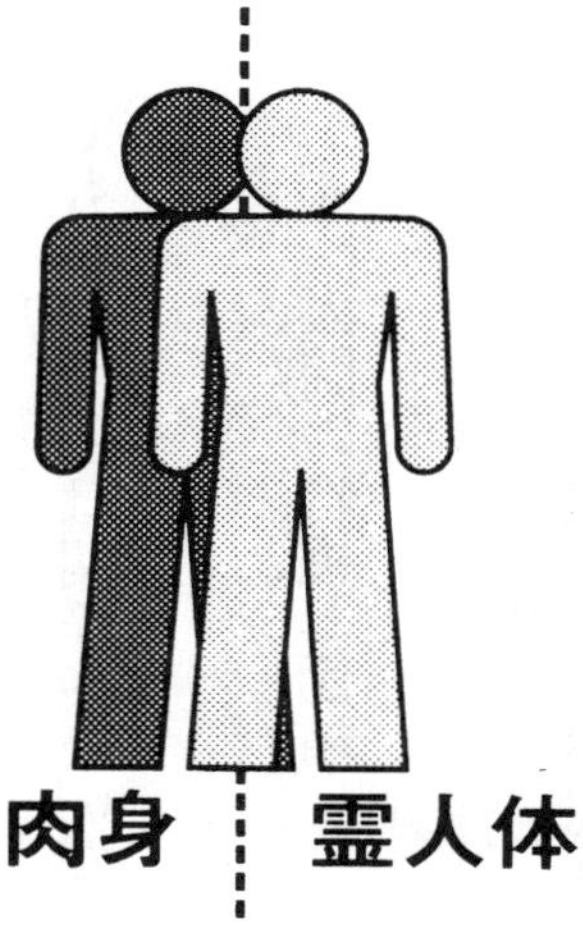

では、なぜ二重《じゅう》構造《こうぞう》で人間《にんげん》を造《つく》らざるを得《え》なかったのかというと、無形《むけい》なる神様《かみさま》と全《まった》く同《おな》じになろうとすれば、霊界《れいかい》に行《ゆ》くまでの一生《いっしょう》の間《あいだ》に、心《こころ》と体《からだ》が一《ひと》つになったという基準《きじゅん》を立《た》てなければならないのです。それができないまま霊界《れいかい》に行《い》ったとすれば、その形状《けいじょう》は、神様《かみさま》と一《ひと》つになれないのです。実体的王権《じったいてきおうけん》をもつ父母《ふぼ》（アダム・エバ）が無形《むけい》の父母《ふぼ》である神様《かみさま》と一体《いったい》となり、永遠《えいえん》なる天上世界《てんじょうせかい》で実体的王権《じったいてきおうけん》を顕現《けんげん》させるために、アダムとエバを二重《じゅう》構造《こうぞう》で造《つく》られたというのです。

神様《かみさま》も、アダムとエバに連結《れんけつ》されなくては、地上《ちじょう》との関係《かんけい》を結《むす》ぶ道《みち》がないのです。アダム・エバと関係《かんけい》を結《むす》ぶことにおいてのみ、アダムとエバの息子《むすこ》、娘《むすめ》とも関係《かんけい》を結《むす》ぶことができるのです。これは、自然《しぜん》に結《むす》ばれるようになっているのです。

神様《かみさま》が人間《にんげん》を造《つく》られた理由《りゆう》は、同《おな》じ父母《ふぼ》の位置《いち》に立《た》てるためだったのです。神様《かみさま》が体《からだ》を得《え》るためなのです。父母《ふぼ》というのは、内外《ないがい》の父母《ふぼ》を意味《いみ》します。ですから外的《がいてき》な父母《ふぼ》がアダムとエバであり、神様《かみさま》は内的《ないてき》な父母《ふぼ》ということなのです。神様《かみさま》の体《からだ》がアダムとエバであり、神様《かみさま》の心《こころ》が私《わたし》たちの言《い》う神様《かみさま》なのです。その神様《かみさま》が、人類《じんるい》の父母《ふぼ》なのです。本来《ほんらい》の父《ふ》母《ぼ》なのです。そして、その神様《かみさま》は、何人《なんにん》もいるのではありません。おひとりのみなのです。おひとりのみであるので、その方《かた》が入《はい》ることのできるアダムとエバを、二性性相《にせいせいそう》をもつ分《ぶん》聖殿《せいでん》として立《た》てておいて、そこに入《はい》っていかれるのです。神様《かみさま》が入《はい》って作用《さよう》すれば、アダムとエバは理想的作用《りそうてきさよう》ができるのです。神様《かみさま》が作用《さよう》しなければ、神様《かみさま》のみ旨《むね》も何《なに》も分《わ》からなくなってしまうのです。

そうしなければ神様《かみさま》は、人間《にんげん》との関係《かんけい》を結《むす》ぶ基盤《きばん》をもつことができないのです。そのような本来《ほんらい》の基盤《きばん》が壊《こわ》れてしまったので、神様《かみさま》が人間《にんげん》と関係《かんけい》を結《むす》ぶことが不可能《ふかのう》になってしまったという結論《けつろん》が出《で》てくるのです。ですから、どんなにこの地上《ちじょう》に数多《かずおお》くの人間《にんげん》がいたとしても、神様《かみさま》とは関係《かんけい》のない存在《そんざい》になってしまったのです。

4 人間《にんげん》の特権《とっけん》と価値《かち》

神様《かみさま》は、愛《あい》のゆえに人間《にんげん》を造《つく》られました。人間《にんげん》が万物《ばんぶつ》と違《ちが》う点《てん》は、神様《かみさま》の息子《むすこ》、娘《むすめ》として造《つく》られたことです。人間《にんげん》は、神様《かみさま》の直系《ちょっけい》の愛《あい》を受《う》け得《う》る対象《たいしょう》として造《つく》られたということなのです。これが人間《にんげん》の特権《とっけん》なのです。

人間《にんげん》は、神様《かみさま》の愛《あい》に対《たい》していかなる立場《たちば》にあるかというと、神様《かみさま》の愛《あい》の対象存在《たいしょうそんざい》として造《つく》られたのです。神様《かみさま》は二性性相《にせいせいそう》であり、プラス・マイナスという二性性相《にせいせいそう》の主体《しゅたい》となっているがゆえに、その主体《しゅたい》の前《まえ》に対象《たいしょう》となるプラス・マイナスという形態《けいたい》をもつ物体《ぶったい》が必要《ひつよう》となるのです。そして、その形態《けいたい》は、主体《しゅたい》の性稟《せいひん》に反対《はんたい》する形態《けいたい》であってはならないのです。主体《しゅたい》のすべての性稟《せいひん》に対《たい》する相対性《そうたいせい》を備《そな》え持《も》ち、愛《あい》という本質《ほんしつ》に必《かなら》ずぴったりと合《あ》い得《う》る相対的形態《そうたいてきけいたい》でなければなりません。

その相対的存在《そうたいてきそんざい》の人間《にんげん》は、神様《かみさま》と何《なに》で合《あ》うのかというと、愛以外《あいいがい》のものでは合《あ》わないのです。愛《あい》でだけ、合《あ》うようになっているのです。神様《かみさま》には何《なん》の知識《ちしき》も、他《た》の何《なに》ものも必要《ひつよう》ないのです。ただ愛《あい》のみが必要《ひつよう》なのです。ですから、愛《あい》でだけ合《あ》うようにできているのです。

人間《にんげん》がこの宇宙《うちゅう》の中心《ちゅうしん》であり、被造世界《ひぞうせかい》の中心《ちゅうしん》だというのは、神様《かみさま》が愛《あい》の理想《りそう》を成《な》すために被造世界《ひぞうせかい》を造《つく》られたからであり、愛《あい》なる神様《かみさま》の前《まえ》に一番初《いちばんはじ》めに中心《ちゅうしん》の位置《いち》に立《た》って愛《あい》を受《う》け得《う》る特権《とっけん》をもっているので、「人間《にんげん》は万物《ばんぶつ》の霊長《れいちょう》である」という言葉《ことば》が成立《せいりつ》するのです。「霊長《れいちょう》」という言葉《ことば》は、神様《かみさま》の相対的愛《そうたいてきあい》の圏内《けんない》を除《のぞ》いてはあり得《え》ないのです。万物《ばんぶつ》と同《おな》じになってしまうのです。人間特有《にんげんとくゆう》の価値《かち》は愛《あい》の特権《とっけん》をもつことであり、また、全被造世界《ぜんひぞうせかい》を代表《だいひょう》して、神様《かみさま》の前《まえ》に一番初《いちばんはじ》めに相対的立場《そうたいてきたちば》に立《た》ち、この宇宙《うちゅう》を支配《しはい》できることです。そういう愛《あい》の因縁《いんねん》の位置《いち》に同参《どうさん》（注《ちゅう》：直《ただ》ちに同席《どうせき》する）できる権威《けんい》をもっているということなのです。それゆえ、人間《にんげん》は万物《ばんぶつ》の何《なん》だというのですか。（霊長《れいちょう》です）。ですから人間《にんげん》は、愛《あい》を除《のぞ》けば、すべてを失《うしな》ってしまうのです。（一九八四・七・一〇）

第《だい》二節《せつ》　三段階《だんかい》の人生過程《じんせいかてい》と霊界《れいかい》

1　肉身《にくしん》と霊人体《れいじんたい》の特性《とくせい》

人間《にんげん》には、三時代《じだい》があります。同様《どうよう》に動物界《どうぶつかい》にも、水中時代《すいちゅうじだい》があり、陸地時代《りくちじだい》があり、空中時代《くうちゅうじだい》があるのです。すべてが、この三時代《じだい》を経《へ》なければならないのです。ところで、人間《にんげん》が万物《ばんぶつ》の霊長《れいちょう》として、すべての被造世界《ひぞうせかい》の万物《ばんぶつ》を主管《しゅかん》し得《う》る資格《しかく》をもとうとすれば、水中時代《すいちゅうじだい》において、どんな存在《そんざい》よりも完全《かんぜん》な生活体《せいかつたい》を備《そな》えなければなりません。その次《つぎ》には陸地時代《りくちじだい》においても、どんな動物《どうぶつ》よりも最高《さいこう》の資格《しかく》をもった存在《そんざい》でなければならないのです。

ところが、人間《にんげん》には翼《つばさ》がないのです。翼《つばさ》がないのにどうして飛《と》ぶことができますか。皆《みな》さん、飛《と》んでみたことがありますか。（いいえ）。飛《と》んでみたことはないでしょう。しかし人間《にんげん》は、どんな鳥《とり》よりも、どんな昆虫《こんちゅう》よりも高《たか》く飛《と》ぶことができ、遠《とお》く飛《と》ぶことがで

きなければならないというのです。

最近《さいきん》は、ジャンボジェット機《き》がアメリカから飛《と》んで来《き》ます。それに乗《の》れば、東京《とうきょう》へは十四時間《じかん》で行《い》くことができます。五千マイルを一回《かい》も休《やす》みなく飛《と》んで、十四時間《じかん》で日本《にっぽん》に着陸《ちゃくりく》できるのです。

人間《にんげん》の造《つく》った機械《きかい》ですらそうであれば、神様《かみさま》が造《つく》られた人間《にんげん》は、それ以上《いじょう》に飛《と》ぶことのできる存在《そんざい》であるというのです。鳥《とり》よりも、もっと上手《じょうず》に飛《と》ぶことができて、どんな飛行機《ひこうき》よりも、もっと速《はや》く、瞬間的《しゅんかんてき》に地球星《ちきゅうぼし》を巡《めぐ》ることができるというのです。そのためには、どうならなければならないかというと、それは、実体《じったい》である肉身《にくしん》をもってしては駄目《だめ》なのです。肉身《にくしん》は、どんなに走《はし》ったとしても、限界《げんかい》があるのです。

しかし、人間《にんげん》は万物《ばんぶつ》の霊長《れいちょう》であり、また神様《かみさま》は霊的《れいてき》な存在《そんざい》なので、その方《かた》と対等《たいとう》な主管圏《しゅかんけん》であるとか、その方《かた》と対等《たいとう》な相対的位置《そうたいてきいち》に立《た》とうとすれば、その活動舞台《かつどうぶたい》も神様《かみさま》と同様《どうよう》でなくてはならないのです。今日《こんにち》、光《ひかり》の速度《そくど》は一秒間《びょうかん》に三十万《まん》キロメートル走《はし》るのですが、それよりも、もっと速《はや》く作用《さよう》し得《う》るのが人間《にんげん》なのです。それが何《なに》かというと、霊人体《れいじんたい》なのです。

先生《せんせい》は、今《いま》ここに立《た》っていますが、霊人体《れいじんたい》は、既《すで》にニューヨークに行《い》ってきたのです。稲妻《いなずま》よりも速《はや》いのです。分《わ》かりますか、何《なん》のことか。そのように、思《おも》いと共《とも》に歩調《ほちょう》を合《あ》わせて作用《さよう》できるのが霊人体《れいじんたい》なのです。

もし、人間《にんげん》が霊人体《れいじんたい》を備《そな》えていなかったならば、この宇宙《うちゅう》を旅行《りょこう》することはできません。この宇宙《うちゅう》は、人間《にんげん》の目《め》には見《み》えませんが、あの星《ほし》の国《くに》に、神様《かみさま》が何《なに》かの仕掛《しか》けをしていらっしゃるのです。それが何《なに》か分《わ》かりますか。皆《みな》さんの目《め》にはよく見《み》えないので、分《わ》からないのです。それが、見《み》えたとしても砂漠《さばく》のようであり、何《なに》もない所《ところ》のようなのです。そこに、金《きん》、銀《ぎん》、宝石《ほうせき》で、どんな仕掛《しか》けがしてあるのでしょうか。霊的《れいてき》に見《み》れば、どんな仕掛《しか》けがしてあるのかが分《わ》かるのです。

私《わたし》たちは、新《あたら》しい世界《せかい》の息子《むすこ》、娘《むすめ》にならなければならないのですが、その世界《せかい》の本家《ほんけ》のような素晴《すば》らしい家《いえ》はどこにあるのでしょうか。それが霊界《れいかい》だというのです。分《わ》かりますか、分《わ》かりませんか。(分《わ》かります)。では、一回行《かいい》ってみたいですか。(はい)。

皆《みな》さん、地上《ちじょう》において、地上《ちじょう》の何々《なになに》がいいなどと思《おも》っているのは、すべて影法師《かげぼうし》みたいなものです。しかし、一度《ど》あの世《よ》でパスすれば、永遠《えいえん》なのです。(一九八一・四・一二)

2 愛《あい》の作用《さよう》と霊人体《れいじんたい》の完成《かんせい》

それでは、この世《よ》で最《もっと》も速《はや》い作用《さよう》とは何《なん》でしょうか。それは何《なに》かというと、愛《あい》の作用《さよう》なのです。分《わ》かりますか。この世《よ》で最《もっと》も速《はや》いものは、電波《でんぱ》ではないのです。最《もっと》も速《はや》く、最《もっと》も目覚《めざ》ましく飛《と》び得《う》る力《ちから》をもっているのは、愛《あい》だというのです。この地《ち》の果《は》てと、あの地《ち》の果《は》てにいる人間同士《にんげんどうし》が互《たが》いに愛《あい》し合《あ》うとすれば、すべてを超《こ》えて引《ひ》っ張《ぱ》り合《あ》うのです。何《なん》のことか分《わ》かりますか。愛《あい》はそのような力《ちから》をもっているというのです。

ですから今日《こんにち》、宗教《しゅうきょう》を中心《ちゅうしん》として「その愛《あい》を探《さが》しなさい。その愛《あい》の神様《かみさま》に近《ちか》づきなさい。そのために心情《しんじょう》をもちなさい。祈《いの》りなさい」と言《い》うのです。私《わたし》たちが愛《あい》の世界《せかい》へ接《せっ》触《しょく》することにより、神様《かみさま》のすべての愛《あい》の作用《さよう》に同参《どうさん》できるのです。同参《どうさん》ということは、直《ただ》ちに同席《どうせき》できるということなのです。

そうなれば、神様《かみさま》の行《い》く所《ところ》には、どこへでも飛《と》んで行《い》くことができるのです。そのような完成《かんせい》した愛《あい》の実体《じったい》となり、神様《かみさま》の前《まえ》に相対的資格《そうたいてきしかく》をもてばどうなるのかというと、考《かんが》えることすべてが、即時的《そくじてき》に可能《かのう》になるのです。そのように霊界《れいかい》という所《ところ》は、私《わたし》たちが願《ねが》うことは何《なん》でも補給《ほきゅう》される所《ところ》なのです。愛《あい》の内容《ないよう》をもったものはすべて、どこででも供給《きょうきゅう》を受《う》けられるというのです。

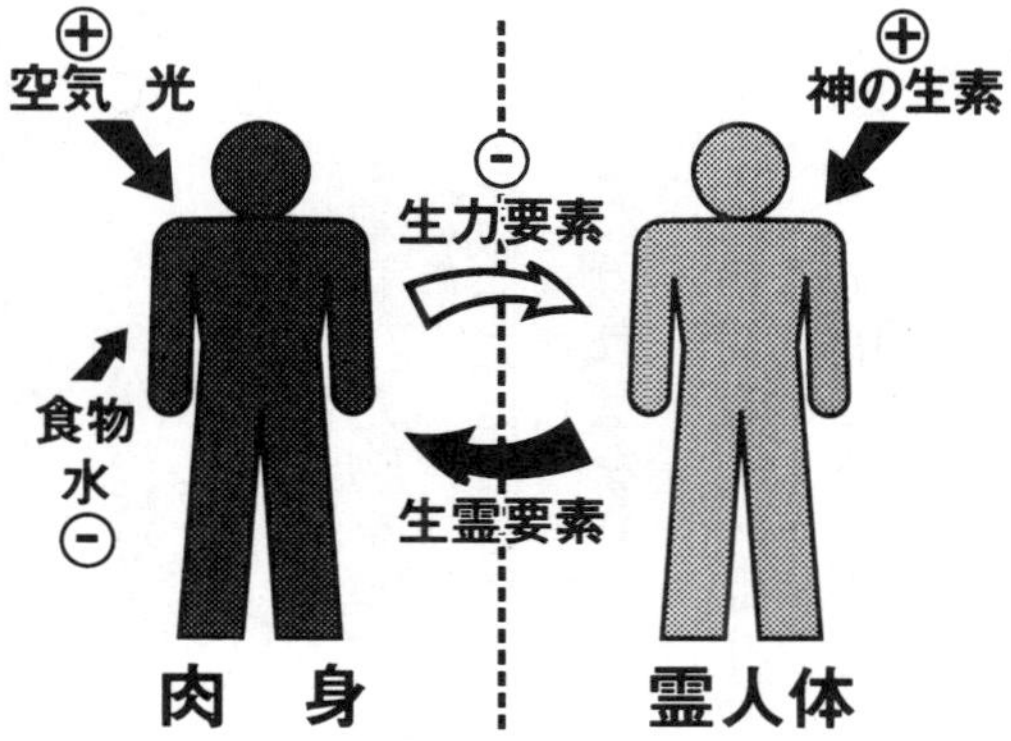

私《わたし》たち人間《にんげん》は、真《まこと》なる愛《あい》をなぜ必要《ひつよう》とするのでしょうか。神様《かみさま》の本然《ほんぜん》の世界《せかい》、理想的《りそうてき》なその世界《せかい》に行《い》き、真《まこと》なる愛《あい》を体験《たいけん》した人《ひと》は、神様《かみさま》が願《ねが》うすべてのことを即時的《そくじてき》に所有《しょゆう》できる能力《のうりょく》と権威《けんい》をもつことができるのです。それでは、その資《し》格《かく》はどこで完成《かんせい》できるのでしょうか。それは、地上《ちじょう》で成《な》し遂《と》げなければならないのです。「霊人体《れいじんたい》」という言葉《ことば》を知《し》っているでしょう?　その霊人体《れいじんたい》を中心《ちゅうしん》として、肉身《にくしん》と一《ひと》つにな

る過程《かてい》において初めて神様《かみさま》の愛《あい》の接続点《せつぞくてん》ができれば、そのような位置《いち》に立《た》つことができるのです。ですから皆《みな》さんは、神様《かみさま》を愛《あい》さなければなりません。

どのようにすれば神様《かみさま》の愛《あい》を感《かん》じることができるのかというと、同胞《どうほう》を愛《あい》し、世界《せかい》の人々《ひとびと》を愛《あい》し、万物《ばんぶつ》を愛《あい》するのです。そのように愛《あい》さなければならないのです。そこで愛《あい》の感情《かんじょう》を感《かん》じなければならないのです。いかなる国《くに》の人《ひと》をも、五色人種《しょくじんしゅ》をも愛《あい》する愛《あい》の心《こころ》をもたなければなりません。

人間《にんげん》だけでなく、微生物《びせいぶつ》にも、そのような心情《しんじょう》で愛《あい》することのできる心《こころ》があるのです。それが自動的《じどうてき》にあふれてくるのです。花《はな》が咲《さ》けば、その美《うつく》しい花《はな》の色《いろ》が自然《しぜん》に現《あらわ》れるのです。香《かお》りが、「ああ、これは私《わたし》が何《なに》かの香《かお》りを漂《ただよ》わせようとして、このようにしたので漂《ただよ》っているのだ」というのではなく、自然《しぜん》に生《う》まれてきたことと同《おな》じく、自然《しぜん》に愛《あい》の花《はな》が咲《さ》かなければならず、愛《あい》の香《かお》りが漂《ただよ》わなければならないというのです。

そうなるためには、その愛《あい》の花《はな》が咲《さ》くための栄養素《えいようそ》を受《う》けなければなりません。地《ち》から栄養素《えいようそ》を受《う》け、太陽《たいよう》から栄養素《えいようそ》を受《う》けるように、私《わたし》たちも肉身《にくしん》において栄養素《えいようそ》を受《う》け、霊人体《れいじんたい》を通《とお》して栄養素《えいようそ》を受《う》けるようになるのです。分《わ》かりますか。ですから、生力要素《せいりょくようそ》、

銀河系

その次《つぎ》には何《なん》の要素《ようそ》ですか。（生霊要素《せいれいようそ》です）。そのようなものが必要《ひつよう》だというのです。

そうなれば、どのようになるのかというと、私《わたし》たちが、すべての愛《あい》の完備体《かんびたい》となることにより、どこへでも飛《と》んでいけるのです。どうです。素晴《すば》らしいでしょう？　そうすれば、この太陽系《たいようけい》だとか、すべての銀《ぎん》河系《がけい》の大宇宙世界《だいうちゅうせかい》は、すべて私《わたし》たちの活動《かつどう》舞台《ぶたい》になるのです。

愛《あい》する夫《おっと》がいれば、その夫《おっと》と共《とも》にどこへでも行《い》くことができるのです。太陽《たいよう》の中心《ちゅうしん》にも行《い》けるし、すべてを通過《つうか》できるのです。太陽《たいよう》の中心《ちゅうしん》は炎《ほのお》が燃《も》えていて、恐《おそ》ろしくて行《い》けないと思《おも》うでしょうが、炎《ほのお》のまっただ中《なか》をも無事《ぶじ》に通過《つうか》できるというのです。あの太陽《たいよう》の中心《ちゅうしん》はもちろん、太陽《たいよう》の東西南北《とうざいなんぼく》の四方《ほう》も、思《おも》いのままに通過《つうか》できるのです。そこで、その太陽《たいよう》の中心《ちゅうしん》にダイヤモンドがあり、他《た》に何《なに》があるかということも、すべて知《し》ることができるようになるのです。

そうしてみると、この膨大《ぼうだい》な宇宙《うちゅう》にはダイヤモンドの星《ほし》があるでしょうか、ないでしょうか。あるというのです。また、純度《じゅんど》の高《たか》い金《きん》を主成分《しゅせいぶん》とする、そういう星《ほし》があるというのです。千差万別《せんさばんべつ》の万宇宙《ばんうちゅう》のすべての実像《じつぞう》は、私《わたし》たちの足下《あしもと》にあるのです。もし、皆《みな》さんが完全《かんぜん》な愛《あい》の人格《じんかく》を完成《かんせい》できなければ、そのような世界《せかい》に行《い》ったり来《き》たりする道《みち》が制限《せいげん》されるのです。四方《ほう》を通《とお》ることができないのです。一《ひと》つの門《もん》を通《とお》ったとしても、また次《つぎ》の門《もん》を通《とお》らなければならないのと同《おな》じです。一瞬《いっしゅん》に東西南北《とうざいなんぼく》、四方《ほう》を巡《めぐ》ることはできないのです。

私《わたし》たちは渡《わた》り鳥《どり》になってはなりません。春夏秋冬《しゅんかしゅうとう》、どこへでも合《あ》わせて行《い》ける、自由《じゆう》に生《い》きていける資格《しかく》をもつには、完全《かんぜん》な愛《あい》の人格《じんかく》を具備《ぐび》しなければなりません。(一九八一・四・一二)

3　愛《あい》の追求《ついきゅう》の目的《もくてき》と第三《だい》の誕生《たんじょう》

私《わたし》たちがこれから永遠《えいえん》に暮《く》らせる所《ところ》とは、どんな所《ところ》なのかというと、愛《あい》の空気《くうき》で充満《じゅうまん》した、そういう世界《せかい》です。この地《ち》の上《うえ》でその愛《あい》の呼吸作用《こきゅうさよう》を体恤《たいじゅつ》（注：自分《じぶん》のものにする）し、それを体得《たいとく》できる人間《にんげん》にならなければなりません。ですから、統一教会《とういつきょうかい》では、「どんな人《ひと》でも愛《あい》しなさい。愛《あい》しなさい」と言《い》うのです。

自分《じぶん》を主張《しゅちょう》する人々《ひとびと》は、あの世《よ》では地獄《じごく》へ行《い》くのです。ですから、「ために生《い》きなさい」と言《い》うのです。お互《たが》いが、「ため」に与《あた》えるのです。他《た》の人《ひと》と出会《であ》ったならば、誰《だれ》であったとしても喜《よろこ》ぶのです。人間《にんげん》は愛《あい》の対象実体《たいしょうじったい》となる個性真理体《こせいしんりたい》、愛《あい》に相対《そうたい》し得《う》る個性真《こせいしん》理体《りたい》となっているのです。その真理体《しんりたい》の完成形態《かんせいけいたい》だけ備《そな》えれば、この宇宙《うちゅう》全体《ぜんたい》が歓迎《かんげい》するようになるのです。霊界《れいかい》のどこへ行《い》っても、歓迎《かんげい》されるようになるのです。

皆《みな》さんが、もし飛行機《ひこうき》などに乗《の》りたくなれば、「747機《き》よ出《で》てきなさい！」と言《い》えば、747機《き》が現《あらわ》れるのです。分《わ》かりますか。そして、運転席《うんてんせき》に座《すわ》れば、直《ただ》ちに運転《うんてん》できるのです。そして、飛行機《ひこうき》がどんなに大《おお》きくても、逆《さか》さまになって飛《と》びたければそうなるし、降下《こうか》しようと思《おも》えば降下《こうか》するし、何《なん》でも思《おも》いのままにできるのです。曲芸《きょくげい》のような飛行《ひこう》もできるのです。想像《そうぞう》もできないようなことも、すべて可能《かのう》なのです、だからといって、事故《じこ》は起《お》きないのです。絶対《ぜったい》に事故《じこ》は起《お》きないのです。

それは、どんなに素晴《すば》らしいことでしょうか。そんな素晴《すば》らしい遊《あそ》びを私一人《わたしひとり》でするのではなく、愛《あい》の理想相対《りそうそうたい》と共《とも》に生《い》きてみようとするのが、神様《かみさま》の創造理想《そうぞうりそう》世界《せかい》の本然《ほんぜん》の故郷《こきょう》なのです。皆《みな》さん、それが霊界《れいかい》という所《ところ》だということを知《し》らなければなりません。

ですから地上《ちじょう》で、愛《あい》を追求《ついきゅう》しなければなりません。お父《とう》さんの愛《あい》、お母《かあ》さんの愛《あい》、夫《おっと》の愛《あい》、妻《つま》の愛《あい》、それらが必要《ひつよう》なのです。そうでしょう？　また、それだけではなく、民族《みんぞく》的《てき》にも愛《あい》を受《う》けることを願《ねが》い、世界万民《せかいばんみん》の前《まえ》にも愛《あい》を受《う》けることを願《ねが》うのです。あらゆるものの前《まえ》に愛《あい》を受《う》けることを願《ねが》うのは、最終的《さいしゅうてき》に神様《かみさま》の愛《あい》を受《う》け得《う》る資格者《しかくしゃ》となるためであり、その訓練過程《くんれんかてい》を経《へ》ることだからです。（一九八一・四・一二）

人間《にんげん》が生《い》きることの中《なか》で、第《だい》一の誕生《たんじょう》は、胎中《たいちゅう》での生活《せいかつ》です。第《だい》二の誕生《たんじょう》は、現在《げんざい》の皆《みな》さんなのです。その次《つぎ》に第《だい》三の誕生《たんじょう》は、神様《かみさま》に帰《かえ》ることなのです。夫婦《ふうふ》が一《ひと》つになり、世界《せかい》のすべての人々《ひとびと》のためになるときに、私《わたし》たちは無形《むけい》なる神様《かみさま》のもとに帰《かえ》ることができるのです。それは、愛《あい》のみが可能《かのう》なのです。あの世《よ》に行《ゆ》くにも、そのような愛《あい》の理想《りそう》の神様《かみさま》を標準《ひょうじゅん》として、そこに同化《どうか》できる訓練《くんれん》を受《う》けて行《い》けば、神様《かみさま》のようになれるのです。神様《かみさま》の友達《ともだち》になれるのです。皆《みな》さんはすべて、そのような第《だい》三の誕生《たんじょう》を経《へ》なければならないのです。

さあ、皆《みな》さん、「ために生《い》きなければならない」ということが分《わ》かったでしょうか。愛《あい》を中心《ちゅうしん》として、「ため」に生《い》きるのです。「ため」に生《い》きて滅《ほろ》びる人《ひと》はいません。「ため」に生《い》きて貧《まず》しく暮《く》らす人《ひと》はいないのです。なぜですか。それは、「ため」に生《い》きようとして、父母《ふぼ》のために夜《よる》を徹《てっ》して仕事《しごと》をしてみると、その父母《ふぼ》が亡《な》くなる時《とき》には父母《ふぼ》のもっていた福《ふく》をすべて与《あた》えられるのです。そうですね。（一九八一・六・二〇）

4 霊界《れいかい》の構造《こうぞう》とメシヤの使命《しめい》

統一教会《とういつきょうかい》の信徒《しんと》たちは、霊界《れいかい》に行《ゆ》く時《とき》、誰《だれ》を訪《たず》ねていくのでしょうか。霊界《れいかい》では誰《だれ》が主人《しゅじん》ですか。その国《くに》の主人《しゅじん》は、真《まこと》の父母《ふぼ》なのです。ですから、「真《まこと》の御父母様《ごふぼさま》のいらっしゃる所《ところ》を訪《たず》ねていこう」と言《い》うのです。

それでは、どうしてこの世《よ》において宗教《しゅうきょう》を信《しん》じ、奉仕《ほうし》をして、あらゆる人々《ひとびと》のために犠牲《ぎせい》にならなければならないのでしょうか。これが大《おお》きな問題《もんだい》なのです。他《た》のために生《い》きなければなりません。他《た》のために生《い》きずに、自己《じこ》のために生《い》きればどうなるでしょうか。あの世《よ》に行《ゆ》けば、個人《こじん》を中心《ちゅうしん》として生《い》きた人々《ひとびと》は、あの世《よ》の個人《こじん》クラブに入《はい》るのです。個人《こじん》クラブではみな、お互《たが》いに「ため」に生《い》きようとはしません。お互《たが》いが譲歩《じょうほ》せず、けんかばかりするのです。このような個人《こじん》クラブに入《はい》れば、永遠《えいえん》に抜《ぬ》け出《だ》せないのです。個《こ》人《じん》を主《しゅ》として生《い》きてきた人《ひと》が霊界《れいかい》に行《ゆ》けば、他《た》の所《ところ》に移《うつ》ろうとしても永遠《えいえん》に越《こ》えていけないのです。

また、家庭《かてい》を主《しゅ》として生《い》きてきた人《ひと》は、霊界《れいかい》では家庭《かてい》クラブに行《い》ってとどまるようになるのです。そして、家庭《かてい》を主《しゅ》とする者《もの》たちが集《あつ》まった囲《かこ》いの中《なか》に、みな入《はい》るのです。そこから別《べつ》の所《ところ》に行《ゆ》こうとしても、行《い》くことができないのです。民族主義者《みんぞくしゅぎしゃ》は、民族主義者同士《みんぞくしゅぎしゃどうし》が集《あつ》まり、お互《たが》いに「国《くに》を愛《あい》した愛国者《あいこくしゃ》だ」と言《い》うのです。そのように、すべてにクラブの塀《へい》ができているのです。

それでは、「神主義《かみしゅぎ》」とは何《なん》でしょうか。「神主義《かみしゅぎ》」とは、個人主義《こじんしゅぎ》でもなく、家庭主義《かていしゅぎ》でもなく、氏族主義《しぞくしゅぎ》でもなく、民族主義《みんぞくしゅぎ》でもなく、国家主義《こっかしゅぎ》でもありません。天宙主義《てんちゅうしゅぎ》なのです、天宙主義《てんちゅうしゅぎ》の基盤《きばん》をもったそのような霊界《れいかい》には、個人主義《こじんしゅぎ》の囲《かこ》いの中《なか》にいる人《ひと》が入《はい》っていこうとしても入《はい》ることができないのです。家庭《かてい》を主《しゅ》として、「ああ、この世《よ》がどうなっても、うちの息子《むすこ》、娘《むすめ》、うちの子《こ》たち、うちのお父《とう》さん、お母《かあ》さんしかいない」と言《い》っているような者《もの》の圏内《けんない》に入《はい》れば、そこから抜《ぬ》け出《で》る道《みち》がないのです。永遠《えいえん》に抜《ぬ》け出《だ》せないのです。そのような塀《へい》を、誰《だれ》かが崩《くず》さなければなりません。その中《なか》で、互《たが》いに自《みず》らの主張《しゅちょう》を通《とお》して、家庭《かてい》を中心《ちゅうしん》にけんかばかりしているのです。

そして氏族主義者《しぞくしゅぎしゃ》は、氏族主義者同士《しぞくしゅぎしゃどうし》で集《あつ》まり、「あなたの氏族《しぞく》は、どうのこうの」と言《い》って、他《た》の氏族《しぞく》は必要《ひつよう》ないというのです。互《たが》いがその間《あいだ》に塀《へい》を立《た》てているのです。このようなクラブ的《てき》な形態《けいたい》ができたのです。そして、霊界《れいかい》へ行《い》った人《ひと》たちはみな、地上《ちじょう》の堕落《だらく》した人《ひと》たちの影響《えいきょう》を受《う》け、そのような囲《かこ》いの圏内《けんない》で騒《さわ》いでいるというのです。

そのようにして、この塀《へい》のために大騒《おおさわ》ぎになっているのです。神様《かみさま》から見《み》ると、人間《にんげん》は堕落《だらく》してしまってそのような塀《へい》をつくっているので、その塀《へい》をすべて崩《くず》してあげなければならないのです。では、誰《だれ》が個人主義《こじんしゅぎ》の塀《へい》を崩《くず》してあげられるのでしょうか。この塀《へい》をつくってしまったのは父母《ふぼ》です。私《わたし》たち人類《じんるい》の父母《ふぼ》の過《あやま》ちによって塀《へい》ができてしまったので、この塀《へい》を崩《くず》すためには、人類《じんるい》の父母《ふぼ》が再《ふたた》び祖先《そせん》の誤《あやま》ったその責任《せきにん》を身代《みが》わりしなければなりません。

全人類《ぜんじんるい》の父母《ふぼ》、そして祖先《そせん》の資格《しかく》をもって、個人的《こじんてき》な塀《へい》を崩《くず》してあげ、家庭的《かていてき》な塀《へい》を崩《くず》してあげ、氏族的《しぞくてき》な塀《へい》を崩《くず》してあげ、民族的《みんぞくてき》な塀《へい》を崩《くず》してあげ、国家的《こっかてき》な塀《へい》を崩《くず》してあげ、世界的《せかいてき》な塀《へい》、霊界《れいかい》の塀《へい》まで崩《くず》してあげなければなりません。このような障害《しょうがい》となる塀《へい》を完全《かんぜん》に崩《くず》すために来《こ》られるお方《かた》がメシヤであり、それがメシヤの使命《しめい》なのです。メシヤの使命《しめい》が何《なに》か分《わ》かりましたか。（一九八一・四・一二）

第三節《だいさんせつ》　真《まこと》の人生《じんせい》の道《みち》

1　真《まこと》の人生《じんせい》の行《い》く道《みち》

皆《みな》さんは、この五十億人類《おくじんるい》の中《なか》の一人《ひとり》ですか、それともそれを否定《ひてい》しますか。（人類《じんるい》の中《なか》の一人《ひとり》です）。それでは、この五十億人類《おくじんるい》は、すべて自己中心《じこちゅうしん》に生《い》きられますか、生《い》きられませんか。それに答《こた》えてみてください。（生《い》きられません）。ですから、皆《みな》さんは、お互《たが》いのために生《い》きる立場《たちば》の、五十億人類《おくじんるい》の一人一人《ひとりひとり》であるという結論《けつろん》になるのです。

個人《こじん》を合《あ》わせて家庭《かてい》になるのですが、家庭《かてい》にも様々《さまざま》な家庭《かてい》があります。数多《かずおお》くの家庭《かてい》があるのです。家庭《かてい》を合《あ》わせた氏族《しぞく》にも数多《かずおお》くの氏族《しぞく》があり、氏族《しぞく》を合《あ》わせた国家《こっか》にも数多《かずおお》くの国家《こっか》があるのです。そのように、制限《せいげん》された環境《かんきょう》に住《す》んでいるのです。そして、それぞれが文化的背景《ぶんかてきはいけい》の違《ちが》う環境《かんきょう》で暮《く》らしているのです。ですから、食《た》べて、飲《の》んで、消《しょう》化《か》することと同《おな》じく、共通的真理《きょうつうてきしんり》を中心《ちゅうしん》として一《ひと》つに連結《れんけつ》できる基準《きじゅん》を立《た》てなければ、

イエス・キリスト

釈迦

関係《かんけい》を結《むす》べないという結論《けつろん》が出《で》るのです。

それでは、ここで個人《こじん》から出発《しゅっぱつ》して、どこへでも行《い》き、事故《じこ》も衝突《しょうとつ》もなく、昼《ひる》でも夜《よる》でも、二十四時間《じかん》どこにでも通《つう》じる門《もん》を開《あ》け得《う》る内容《ないよう》は何《なに》か、ということが結論《けつろん》として出《で》てくるのです。いつでも無難《ぶなん》に通過《つうか》できる要素《ようそ》とは何《なん》でしょうか。そこで、どんな立場《たちば》の態度《たいど》をとらなければならないのでしょうか。下《お》りていかないといけないのか、上《のぼ》っていかないといけないのか、横《よこ》に行《い》かないといけないのか、回《まわ》っていかないといけないのかという問題《もんだい》が出《で》てくるのです。行《い》きながら戦《たたか》い、ノックダウンされて踏《ふ》まれても行《い》くのですか、歓迎《かんげい》を受《う》け

孔子

ながら行《い》くのですか。（歓迎《かんげい》を受《う》けながら行《い》きます）。どうしてですか。戦《たたか》う時《とき》には、消耗《しょうもう》が伴《ともな》うし破壊《はかい》が起《お》きますが、歓迎《かんげい》する所《ところ》には、そのもの自体《じたい》の発展《はってん》がなされるからなのです。

ですから、ここで知《し》らなければならないことは、自分《じぶん》を中心《ちゅうしん》にして作用《さよう》しようとすれば悪《あく》をもたらすのですが、全体《ぜんたい》のために作用《さよう》しようとすれば発展《はってん》をもたらすということです。これが分《わ》からなければなりません。全体《ぜんたい》のために行《ゆ》く時《とき》には、あらゆるものが門《もん》を開《ひら》くというのです。個人《こじん》も門《もん》を開《ひら》き、家庭《かてい》も門《もん》を開《ひら》き、氏族《しぞく》も門《もん》を開《ひら》き、民族《みんぞく》も門《もん》を開《ひら》き、世界《せかい》も門《もん》を開《ひら》き、天国《てんごく》も門《もん》を開《ひら》き、愛《あい》の道《みち》など、あらゆる道《みち》が門《もん》を開《ひら》き、歓迎《かんげい》するのです。

それでは、それはどのような道《みち》なのでしょうか。それを私《わたし》たちは考《かんが》えなければなりません。ですから、統一教会《とういつきょうかい》では、このような観点《かんてん》から「『ため』に生《い》きる道《みち》を取《と》りなさい。

『ため』に生《い》きなさい。人《ひと》は『ため』に生《い》きるように生《う》まれたのである」という、天理《てんり》を教《おし》えているのです。

では、真《まこと》なる人生《じんせい》の行《い》く道《みち》とはどのような道《みち》でしょうか。一《ひと》つの公理《こうり》として立《た》てられたことは、「『ため』に生《い》きなさい」ということです。それは、どこにでも通《つう》じる原則《げんそく》なので、永久不変《えいきゅうふへん》なのです。「過去《かこ》も現在《げんざい》も未来《みらい》も、『ため』に生《い》きなさい」ということなのです。

そして、孔子《こうし》やイエス様《さま》や釈迦牟尼《しゃかむに》やマホメットのように聖者《せいじゃ》と言《い》われている人々《ひとびと》に神様《かみさま》が現《あらわ》れて、「あなた方《がた》はどう思《おも》いますか」と言《い》われる時《とき》、「それは正《ただ》しいです」と言《い》うでしょうか、「それは間違《まちが》っています」と言《い》うでしょうか。(「正《ただ》しい」と言《い》います)。それが、宇宙《うちゅう》の法則《ほうそく》なのです。それは人生《じんせい》において、人間《にんげん》が真《まこと》なる姿《すがた》で生《い》き得《う》る一《ひと》つの法則《ほうそく》だということを知《し》らなければなりません。このような真《まこと》なる道《みち》があるのです。

ですから、家《いえ》の中《なか》に息子《むすこ》がいるとすれば、その息子《むすこ》が家《いえ》のためになればなるほど主体《しゅたい》になるのであり、「ため」に生《い》きれば生《い》きるほど、センターに入《はい》っていくのであり、「ため」に生《い》きれば生《い》きるほど責任者《せきにんしゃ》になるのです。皆《みな》さんの家《いえ》のお父《とう》さんとお母《かあ》さんのうち、どちらが家《いえ》の主体《しゅたい》であり、中心《ちゅうしん》であり、責任者《せきにんしゃ》になっているかといえば、お父《とう》さんなのです。それは、お父《とう》さんがお母《かあ》さんよりも、息子《むすこ》、娘《むすめ》のために、家庭《かてい》のために、全体《ぜんたい》のために生《い》きる位置《いち》にいるからです。それを知《し》らなければなりません。

愛国者《あいこくしゃ》も同様《どうよう》です。愛国者《あいこくしゃ》とは、誰《だれ》よりもその国《くに》とその国《くに》の民《たみ》のために生《い》きる人《ひと》です。

それでは、聖人《せいじん》とはどんな人《ひと》でしょうか。聖人《せいじん》とは、あらゆる世界万民《せかいばんみん》のために生《い》き、昼《ひる》も夜《よる》も永遠《えいえん》に「ため」に生《い》きようとする人《ひと》です。また人《ひと》だけではなく、大自然《だいしぜん》などの宇宙《うちゅう》のすべてのために生《い》きようとする人《ひと》です。そのような人《ひと》が聖人《せいじん》なのです。それに異議《いぎ》がありますか。ここで定義《ていぎ》を下《くだ》しても、否定《ひてい》することはできません。

それでは、このような宇宙《うちゅう》を造《つく》られ、法度《はっと》（注《ちゅう》：法則《ほうそく》・規則《きそく》）を立《た》てられた神様《かみさま》は、どんなお方《かた》なのでしょうか。それは、この全宇宙《ぜんうちゅう》を通《とお》して誰《だれ》よりも「ため」に生《い》きる代表《だいひょう》的《てき》な位置《いち》に立《た》つお方《かた》なのです。そのお方《かた》が神様《かみさま》だというのです。ですから、そのお方《かた》に会《あ》おうとすれば、「ため」に生《い》きなければなりません。

そのお方《かた》は、また知識《ちしき》の大王《だいおう》なのですが、「知識《ちしき》をもって神様《かみさま》の前《まえ》に来《き》なさい」とは言《い》われません。さらに能力《のうりょく》の大王《だいおう》なのですが、「能力《のうりょく》をもって来《き》なさい」とも言《い》われません。その次《つぎ》に、権力《けんりょく》に対《たい》する、お金《かね》に対《たい》する、物質《ぶっしつ》に対《たい》する主人《しゅじん》であり大王《だいおう》なのですが、

「それらをもって来なさい」とも言われないのです。『「ため」に生きればみな、私のそばに来《く》ることができる」と言《い》われるのです。(一九八四・七・一)

2 「ため」に生《い》きることの結果《けっか》と「ため」に生《い》きる生活《せいかつ》

ですから、より「ため」に生《い》きなければなりません。では、より「ため」に生《い》きるとはどういうことなのでしょうか。より「ため」に生《い》きる人《ひと》は、責任者《せきにんしゃ》になるのです。十人《にん》のうち、誰《だれ》が中心《ちゅうしん》になるかといえば、その十人《にん》のために、愛《あい》し、生《い》きた人《ひと》です。その人《ひと》の所《ところ》には、十人《にん》がみな訪《たず》ねてくるのです。そうでしょう? そうですか、そうではありませんか。今《いま》までは、「ため」に生《い》きることは悪《わる》いことだと思《おも》っていたのですが、これからは、「ため」に生《い》きることで中心者《ちゅうしんしゃ》になり、責任者《せきにんしゃ》になるということを知《し》らなければなりません。主人《しゅじん》が中心者《ちゅうしんしゃ》になるということを知《し》らなければなりません。

国《くに》の大統領《だいとうりょう》は、より国《くに》のために生《い》きる人《ひと》なのです。そうでしょう? 会社《かいしゃ》を相続《そうぞく》し得《う》る人《ひと》は、会社《かいしゃ》のためにより犠牲《ぎせい》になって生《い》きている人《ひと》です。天理《てんり》がそうなのです。今《いま》までは、「ため」に生《い》きることが悪《わる》いことだと思《おも》っていたのですが、それは、中心者《ちゅうしんしゃ》になる道《みち》であり、責任者《せきにんしゃ》になる道《みち》であり、あらゆることを相続《そうぞく》するための道《みち》だというのです。ですから、「ため」に生《い》きるということの意味《いみ》をよく知《し》らなければなりません。悪《わる》いことではないのです。分《わ》かりましたか。損害《そんがい》となることではありません。

皆《みな》さんが勉強《べんきょう》をする時《とき》もそうです。「やれやれ、私《わたし》は勉強《べんきょう》して、それが何《なに》になるのだろう」と言《い》いますが、誰《だれ》のために勉強《べんきょう》するのですか。みな自分《じぶん》のために勉強《べんきょう》するのです。しかし、考《かんが》えを変《か》えないといけません。人類《じんるい》のため、神様《かみさま》のために勉強《べんきょう》しなければならないのです。私《わたし》を送《おく》ってくださった本然《ほんぜん》の理想《りそう》の道《みち》を、私《わたし》は行《い》かなければならないのです。「神様《かみさま》が私《わたし》を百点《てん》に値《あたい》する者《もの》として送《おく》ってくださったのであれば、死《し》ぬ時《とき》には百点《てん》になって死《し》ななければなりません」と言《い》えば、その人《ひと》は、神様《かみさま》が「命《いのち》の手帳《てちょう》」（注《ちゅう》：ヨハネの黙示録第《もくしろくだい》二〇章《しょう》一二節参照《せつさんしょう》）から抜《ぬ》き出《だ》して、違《ちが》う手帳《てちょう》へと書《か》き移《うつ》してくださるのです。分《わ》かりますか。十人《にん》の兄弟《きょうだい》の中《なか》で、いくら末《すえ》っ子《こ》だとしても、十人《にん》の兄弟《きょうだい》の誰《だれ》よりも犠牲《ぎせい》になったならば、その末《すえ》っ子《こ》が十人兄弟《にんきょうだい》を越《こ》えて、父親《ちちおや》の手帳《てちょう》に記録《きろく》されるというのです。

逆《ぎゃく》に、不平《ふへい》を言《い》う人《ひと》は滅《ほろ》びるのです。不平《ふへい》を言《い》う人《ひと》は、滅《ほろ》びる人《ひと》なのです。その人《ひと》がどろぼうをして、欲張《よくば》って、何《なに》かをすべて手《て》に入《い》れたとしても、夫《おっと》が浮気《うわき》をするとか、子供《こども》が病気《びょうき》になるとか、事故《じこ》に遭《あ》うとか、どろぼうに遭《あ》うとかして、みんな失《うしな》ってしまうのです。散《ち》り散《ぢ》りにして捨《す》ててしまうというのです。それを神様《かみさま》は、見《み》たくないのです。しかし、「ため」に所有《しょゆう》するものは、永遠《えいえん》に保管《ほかん》できるのです。

皆《みな》さんが、もし音楽《おんがく》をするようになった場合《ばあい》に、「聴衆《ちょうしゅう》が聴《き》いたことのなかった音色《ねいろ》の世界《せかい》を私《わたし》は作曲《さっきょく》して、聴衆《ちょうしゅう》のためになろう」とするならば、どんなに素晴《すば》らしいことでしょうか。「私《わたし》は千回《かい》も万回《まんかい》も練習《れんしゅう》することにより、歴史上《れきしじょう》にもなかった音《おと》を出《だ》すことができ、最高《さいこう》の理想的音色《りそうてきねいろ》を聴《き》く彼《かれ》らの心《こころ》を、新《あたら》しい音律《おんりつ》でもって覚《さ》ますことができるということは、どんなにうれしいことだろう」という心《こころ》、それが素晴《すば》らしいのです。神様《かみさま》から見《み》る時《とき》、「ああ、何《なに》か見《み》た目《め》には優《すぐ》れたようにも見《み》えないけれど、心《こころ》は素晴《すば》らしいなあ。ああ、私《わたし》の娘《むすめ》よ」と言《い》って、「あなた、しっかりやりなさい。福《ふく》を授《さず》けてあげよう」と言《い》うのです。そういうものなのです。

先生《せんせい》も、そうです。今回《こんかい》も監獄《かんごく》へ行《い》く時《とき》、この世《よ》の人々《ひとびと》であれば逃《に》げようとするのですが、私《わたし》は逃《に》げなかったのです。自《みずか》ら監獄《かんごく》の道《みち》を選《えら》んだのです。キリスト教《きょう》のために、アメリカのために、愛《あい》をもって入《はい》ったのです。私《わたし》は行《い》く先々《さきざき》で、何《なに》かの名《な》を残《のこ》そうとは思《おも》いません。「ため」に生《い》きながら、愛《あい》を残《のこ》そうとするのです。そうすれば、その愛《あい》の前《まえ》に、天《てん》下《か》がすべて屈服《くっぷく》するのです。そうでしょう？　お父《とう》さんもお母《かあ》さんも屈服《くっぷく》するのです。孝《こう》行者《こうもの》の前《まえ》には、涙《なみだ》を流《なが》し、その前《まえ》で敬拝《けいはい》するのです。君主《くんしゅ》とは、そのような代表者《だいひょうしゃ》なのです。父母《ふぼ》も祖父母《そふぼ》も一家《いっか》が、その人《ひと》の前《まえ》には頭《あたま》を下《さ》げないといけないのです。そのような伝統的愛《でんとうてきあい》は、宇宙《うちゅう》を代表《だいひょう》した愛《あい》であり、その愛《あい》の前《まえ》には完全《かんぜん》に順応《じゅんのう》しなければならないのです。そこでは、すべての階級《かいきゅう》を超越《ちょうえつ》できるのです。（一九八四・六・二〇）

3　「ため」に生《い》きるところに完全《かんぜん》なる統一圏《とういつけん》が形成《けいせい》される

神様《かみさま》は、独裁者《どくさいしゃ》ではありません。神様《かみさま》も人間《にんげん》のために投入《とうにゅう》されました。神様《かみさま》が人間《にんげん》の前《まえ》にいるのは、人間《にんげん》のためにいるのです。ですから千年《ねん》、万年《まんねん》、神様《かみさま》についていこうとするのです。「ため」に生《い》きる天理《てんり》の宇宙《うちゅう》の存在世界《そんざいせかい》の前《まえ》に、自《みずか》らが存在位置《そんざいいち》を維持《いじ》するためには、「ため」に存在《そんざい》しなければなりません。「ため」に生《い》きることにおいて、東洋《とうよう》と西洋《せいよう》にも通《つう》じ、古今《ここん》にも通《つう》じることができるのです。

それはなぜかというと、神様《かみさま》は今《いま》も昔《むかし》も、東洋《とうよう》でも西洋《せいよう》でも、みな同《おな》じ愛《あい》をもっているので、東洋《とうよう》も西洋《せいよう》も克服《こくふく》でき、過去《かこ》も現在《げんざい》も未来《みらい》も克服《こくふく》できるのです。それは何《なん》のことかというと、過去《かこ》も現在《げんざい》も未来《みらい》も克服《こくふく》できるので、いつでも発展《はってん》することができるし、東洋《とうよう》と西洋《せいよう》を克服《こくふく》するので、東洋《とうよう》と西洋《せいよう》を統一《とういつ》することができるということです。これは愛《あい》でのみ可能《かのう》なのです。

皆《みな》さんの心《こころ》は、神様《かみさま》の代《か》わりをするものなので、心《こころ》は、体《からだ》のためにいつでも投入《とうにゅう》しなければなりません。体《からだ》のためにいつも投入《とうにゅう》しますか、しませんか。それは、どんなに疲《つか》れることでしょうか。少《すこ》し私《わたし》が体《からだ》の願《ねが》いをなそうとすれば、心《こころ》がすぐにサインを出《だ》すのです。そうなると、駄目《だめ》なのです。心《こころ》はいつも私《わたし》のために投入《とうにゅう》しようとするのですが、投入《とうにゅう》しても、それが返《かえ》ってこなければ、心《こころ》は悲《かな》しいのです。

ですから、授《さず》けようとしても授《さず》けることができず、受《う》けようとしても受《う》けることができなくなる時《とき》は、不幸《ふこう》なのです。本当《ほんとう》に幸《しあわ》せな人《ひと》とは、愛《あい》を中心《ちゅうしん》としていつでも、昼《ひる》でも夜《よる》でも、授《さず》けたい時《とき》に授《さず》け、受《う》けたい時《とき》に受《う》けることのできる人《ひと》なのです。

それでは、統一教会《とういつきょうかい》の原理《げんり》が「ために生《い》きる」という原理《げんり》だとしても、統一《とういつ》できる理論《りろん》を「統一原理《とういつげんり》」からどのようにして探《さが》し出《だ》すのかということです。「ため」になる道以外《みちいがい》には、統一《とういつ》できません。

それでは、男性《だんせい》と女性《じょせい》が自分《じぶん》のみを主張《しゅちょう》するようになったとすれば、誰《だれ》が一番良《いちばんよ》いものを先《さき》に取《と》ろうとしますか。男性《だんせい》が先《さき》に取《と》りたいと思《おも》うし、女性《じょせい》が先《さき》に取《と》りたいと思《おも》うのです。それは、そうでしょう。それから、夫婦《ふうふ》だけでいる時《とき》に、神様《かみさま》の前《まえ》に向《む》かい合《あ》って、神様《かみさま》の愛《あい》を受《う》けようとする時《とき》、女性《じょせい》が先《さき》に受《う》けたいと思《おも》いますか、男性《だんせい》が先《さき》に受《う》けたいと思《おも》いますか。それが問題《もんだい》なのです。貴《とうと》いものを自分《じぶん》が先《さき》に手《て》に入《い》れようとすれば大変《たいへん》です。自己主張《じこしゅちょう》してしまえば、すべてを破壊《はかい》してしまうのです。神様《かみさま》も「ため」に存在《そんざい》する方《かた》なので、個人《こじん》のために生《い》きるような人《ひと》には相対《そうたい》できません。分《わ》かりますか。神様《かみさま》のように全体《ぜんたい》のため、自分《じぶん》よりも大《おお》きいもののために生《い》きなければなりません。天地《てんち》の道理《どうり》がそうなっているのです。

それゆえ、男性《だんせい》と女性《じょせい》が「ああ、女性《じょせい》は、私《わたし》よりも体《からだ》が小《ち》さい。腕《うで》も小《ち》さく、すべての面《めん》で不足《ふそく》だから、私《わたし》が先《さき》にしなければならない」と言《い》って、互《たが》いに、「あなたは何《なん》ですか！」

と言《い》うようになれば、問題《もんだい》が起《お》こるのです。自己主張《じこしゅちょう》すれば問題《もんだい》が起《お》こるのです。

男性《だんせい》は女性《じょせい》に、「私《わたし》が先《さき》に神様《かみさま》の愛《あい》を占領《せんりょう》しようとするのは、あなたのためです」と言《い》わなければなりません。分《わ》かりますか。「私《わたし》が先《さき》にするのは、私《わたし》のためではなく、あなたのためだ」と言《い》うのです。そうすれば、あらゆることが解決《かいけつ》します。また、女性《じょせい》が「私《わたし》が先《さき》にするのは、あなたのためです。私《わたし》の大切《たいせつ》なあなたのためです」と言《い》う時《とき》は、男性《だんせい》も「OK」、女性《じょせい》も「OK」なのです。神様《かみさま》も互《たが》いに「ため」に生《い》きているのを見《み》た時《とき》、「私《わたし》をつかみなさい。私《わたし》もOKだ」と言《い》われるのです。そこで全体《ぜんたい》が完成《かんせい》するのです。

しかし、自己主張《じこしゅちょう》する時《とき》には、自己破壊《じこはかい》、相対破壊《そうたいはかい》、神様破壊《かみさまはかい》、完全《かんぜん》に分離《ぶんり》するのです。そこでは、統一的理論《とういつてきりろん》は発掘《はっくつ》できないということを知《し》らなければなりません。分《わ》かりますか。簡単《かんたん》な言葉《ことば》ですが、重要《じゅうよう》なことなのです。私《わたし》たちが理想《りそう》を探《さが》していく最後《さいご》の段階《だんかい》で、神様《かみさま》の愛《あい》と縦的《じゅうてき》な統一《とういつ》を求《もと》めるために、その縦的基準《じゅうてききじゅん》が「さあ、来《き》なさい」と引《ひ》っ張《ぱ》るような業《わざ》をさせるように、互《たが》いに「ため」に生《い》きなければなりません。「ため」に生《い》きるところにのみ完全《かんぜん》な統一圏《とういつけん》が始《はじ》まるのです。(一九八九・一・六)

4　「ため」にする位置《いち》で万事《ばんじ》が解決《かいけつ》される

それでは、「統一《とういつ》」という言葉《ことば》、「統一《とういつ》」という概念《がいねん》とは何《なん》でしょうか。「統一《とういつ》」という概念《がいねん》は、神様《かみさま》と一《ひと》つになるところから始《はじ》まるのです。神様《かみさま》と一《ひと》つになり、アダム、エバと一《ひと》つになり、その次《つぎ》に、あらゆる万物《ばんぶつ》とはどうなるのでしょうか。万物《ばんぶつ》はどうなってもいいのですか。統一《とういつ》しようとするならば、すべてのものと一《ひと》つにならなければなりません。

それでは、どうやって統一《とういつ》するのか、それが問題《もんだい》です。皆《みな》さんは、統一教会《とういつきょうかい》の信者《しんじゃ》ですね？　統一教会《とういつきょうかい》の信者《しんじゃ》ですか、何《なん》ですか。いい加減《かげん》な世《よ》の風俗《ふうぞく》に従《したが》い、父母の教育《きょういく》を誤《あやま》って受《う》けてきた足《た》りない者《もの》もいるでしょう？　殻《から》を脱《ぬ》がないと駄目《だめ》です。皆《みな》さんの父母《ふぼ》たちは駄目《だめ》になったかもしれないけれど、皆《みな》さんは駄目《だめ》にならないでください。先生《せんせい》と神様《かみさま》は、そんなことはありません。しっかりしなければなりません。

では、どのように統一《とういつ》するのでしょうか。先生《せんせい》は、何《なに》をもって、どのように統一《とういつ》するのでしょうか。握《にぎ》りこぶしで、力《ちから》で、お金《かね》で、権力《けんりょく》で、知識《ちしき》ででしょうか。愛《あい》を中心《ちゅうしん》とした、「ため」に生《い》きる位置《いち》で万事《ばんじ》が解決《かいけつ》されるのです。結論《けつろん》は簡単《かんたん》です。真《まこと》の愛《あい》を中心《ちゅうしん》として「ため」に生《い》きるところには、悪魔《あくま》の世界《せかい》も天国《てんごく》に再創造《さいそうぞう》されていくという結論《けつろん》です。それは理論的《りろんてき》なことです。

5　愛《あい》を受《う》けるには

父母《ふぼ》の愛《あい》を受《う》けるには、何《なに》をすればよいのでしょうか。父母《ふぼ》が愛《あい》するすべてのものを愛《あい》さなければなりません。そうすれば、愛《あい》を受《う》けられるのです。それを知《し》らなければなりません。家庭《かてい》でいえば、父母《ふぼ》からの愛《あい》を受《う》けようと願《ねが》うならば、その息子《むすこ》、娘《むすめ》は、父母《ふぼ》がもっているあらゆるものを愛《あい》して、父母《ふぼ》の愛《あい》を受《う》けなければならないというのです。それをしないで愛《あい》を受《う》けようとする人《ひと》は、どろぼうです。父母《ふぼ》が貴《とうと》く思《おも》うものをすべて勝手《かって》に扱《あつか》う人《ひと》は、父母《ふぼ》の愛《あい》を受《う》けることができない人《ひと》です。

現在《げんざい》、父母《ふぼ》が愛《あい》するものがあれば、父母《ふぼ》が貴《とうと》く思《おも》うものがあれば、そのすべてを愛《あい》していく時《とき》に、父母《ふぼ》の愛《あい》を受《う》けられるのです。なぜ思春期《ししゅんき》とか、十七、十八歳《さい》のティーンエイジャーという期間《きかん》があるのかというと、その期間《きかん》に父母《ふぼ》の愛《あい》するすべてのものを愛《あい》することができるように訓練《くんれん》をするのです。父母《ふぼ》が祖父母《そふぼ》を愛《あい》するように、皆《みな》さんも愛《あい》することができなければならないのです。また、父母《ふぼ》が親戚《しんせき》の人々《ひとびと》を愛《あい》するように、皆《みな》さんも愛《あい》することができなければなりません。さらに、父母《ふぼ》が兄弟姉妹《きょうだいしまい》を愛《あい》するように、皆《みな》さんも愛《あい》さなければならないのです。そうして、父母《ふぼ》の愛《あい》を受《う》けるのです。

　ですから、神様《かみさま》の愛《あい》を受《う》けようとすれば、どうしなければなりませんか。神様《かみさま》の愛《あい》を受《う》けようとするのも同様《どうよう》です。どうですか。同《おな》じですか、違《ちが》いますか。広《ひろ》さも違《ちが》いがなく、高《たか》さも違《ちが》いがなく、同《おな》じ原則《げんそく》なのです。

　国《くに》も同様《どうよう》です。その国《くに》の君主《くんしゅ》が愛《あい》する土地《とち》と、その土地《とち》に住《す》む民《たみ》を愛《あい》すれば、君主《くんしゅ》の友達《ともだち》になれるということを知《し》らなければなりません。分《わ》かりますか。王妃《おうひ》になれば、王様《おうさま》が愛《あい》するように、その国《くに》を愛《あい》し、王様《おうさま》が好《す》きなものを愛《あい》すれば、王様《おうさま》の愛《あい》を受《う》けられるのです。

　また、夫婦《ふうふ》の生活《せいかつ》においてもそうです。夫《おっと》は、妻《つま》が好《この》むものをすべて愛《あい》して、それから妻《つま》を愛《あい》する時《とき》、妻《つま》は真実《しんじつ》に自分《じぶん》を愛《あい》していると思《おも》えるのです。ところが、妻《つま》が好《す》きなものを愛《あい》することなく、妻《つま》だけ愛《あい》するというのは、話《はなし》にもならないことです。

統一教会《とういつきょうかい》の娘《むすめ》さんたちを黙《だま》って見《み》ていると、「ああ、伝道師《でんどうし》の青年《せいねん》とは結婚《けっこん》したくない。金《かね》もうけのうまいビジネスマンと結婚《けっこん》したい。良《よ》いものを着《き》て、好《す》きに過《す》ごし、楽《らく》に暮《く》らして」と言《い》っているのです。それは、原則《げんそく》に反《はん》した言葉《ことば》です。何《なん》のことか分《わ》かりますか。誰《だれ》よりも「ため」に生《い》きなければなりません。ですから、統一教会《とういつきょうかい》の二世《せい》の娘《むすめ》たちは、すべて伝道師夫人《でんどうしふじん》にならないといけないというのです。この前祝福《まえしゅくふく》を受《う》けた女性《じょせい》たちは、男性《だんせい》たちに対《たい》して、金《かね》もうけを考《かんが》えていたのです。この者《もの》たち！　捕《と》らえて、すべて反対《はんたい》の道《みち》に送《おく》らなければなりません。僕《しもべ》のように暮《く》らさなければなりません。

先生《せんせい》は、皆《みな》さんの世話《せわ》にはなりません。勉強《べんきょう》をよくして、教会《きょうかい》のために仕事《しごと》をするって？　そんな人《ひと》の助《たす》けを受《う》けるような、つまらないレバレンド・ムーンではありません。私《わたし》は、すべてつくりあげていくのです。すべてをつくったのです。アメリカでも、私《わたし》が面《めん》倒《どう》を見《み》てあげた人々《ひとびと》がたくさんいます。ですから私《わたし》は、大《おお》きなこともできるというのです。皆《みな》さんの世話《せわ》になろうとは思《おも》ってもいません。ただ先生《せんせい》の永遠《えいえん》なる仕事《しごと》を、代《か》わってなしてくれる人《ひと》を必要《ひつよう》としているのです。

より楽《らく》に暮《く》らそうと考《かんが》える人《ひと》は、地獄《じごく》に近《ちか》い所《ところ》に下《お》りていこうとする人《ひと》であり、より厳《きび》

しく暮《く》らそうとする人《ひと》は、天国《てんごく》に近《ちか》い所《ところ》に上《のぼ》っていこうとする人《ひと》です。皆《みな》さんは、どんな人《ひと》ですか。(一九八四・七・一)

6　神様《かみさま》の愛《あい》は全体《ぜんたい》のために与《あた》える愛《あい》

皆《みな》さんは、神様《かみさま》が生《い》きていらっしゃるということが分《わ》かるでしょう? (はい)。神様《かみさま》に属《ぞく》するものは何《なん》ですか。この万物《ばんぶつ》です。この自然《しぜん》です。その次《つぎ》に、人間《にんげん》です。そうだとすれば、この自然《しぜん》のうちで、あるものは除《のぞ》き、あるものはそのままにしておきたいですか。すべてが必要《ひつよう》なのですね。人間《にんげん》のうちで、ある者《もの》は除《のぞ》き、ある者《もの》は必要《ひつよう》だというのではありません。すべて必要《ひつよう》であることを知《し》らなければなりません。

さて、私《わたし》たちは自然《しぜん》を見《み》て、「ああ、私《わたし》には四季《しき》は必要《ひつよう》ない。春《はる》だけ必要《ひつよう》であって、夏《なつ》や秋《あき》や冬《ふゆ》は嫌《きら》いだ」と言《い》うのですが、神様《かみさま》に聞《き》いてみると、「私《わたし》は、四季《しき》のすべてが好《す》きだ」と答《こた》えられるのです。ですから、嫌《いや》でも夏《なつ》を好《す》きにならなければならず、秋《あき》も冬《ふゆ》も好《す》きにならなければならないのです。雪《ゆき》の降《ふ》る冬《ふゆ》になれば、神様《かみさま》は白《しろ》い雪《ゆき》が世界的《せかいてき》に積《つ》もるのを見《み》て喜《よろこ》ばれるというのです。「ああ、私《わたし》もうれしい」と言《い》われるのです。皆《みな》さんも、そうならないといけないのです。

神様《かみさま》のような心《こころ》で、自然《しぜん》を見《み》ることができなくてはなりません。そういう心《こころ》をもたないといけないのです。洪水《こうずい》が起《お》こって、雷《かみなり》が落《お》ちる時《とき》、「ああ、私《わたし》は、嫌《いや》だ!」と言《い》っては駄目《だめ》です。神様《かみさま》は、「ほほ、あれはキスして、結婚《けっこん》するのだなあー」と、このように考《かんが》えられるのです。そして、「嫌《いや》だ」と言《い》う人《ひと》に対《たい》して、「ははは、こいつめ、悪《わる》いやつらだ」と言《い》われるのです。

いつでも、自然《しぜん》を愛《あい》さなければなりません。自然《しぜん》を愛《あい》さなければならないのです。また、人間《にんげん》を愛《あい》さなければなりません。人間《にんげん》の中《なか》でも、五色《しょくじんしゅ》人種すべてを愛《あい》さなければならないのです。「ああ、私《わたし》は白人《はくじん》だけが好《す》きです」と、神様《かみさま》はそう言《い》われますか。そうであれば、みな白《しろ》い服《ふく》だけを着《き》なければなりません。白人《はくじん》たちはみな、白《しろ》い服《ふく》だけを着《き》なければならないのです。色《いろ》のある服《ふく》は、すべて捨《す》てなければならないのです。黒《くろ》い服《ふく》をどうして着《き》るのですか。色《いろ》のある服《ふく》をどうして着《き》るのですか。それは、矛盾《むじゅん》なのです。

部屋《へや》に入《はい》れば、色《いろ》とりどりの物《もの》があるのです。ピアノのようなものは、すべて真《ま》っ黒《くろ》なのに、なぜ置《お》いてあるのでしょうか。なぜ黒板《こくばん》みたいなものも置《お》いてあるのでしょうか。これもすべて、真《ま》っ黒《くろ》ではないですか。白人《はくじん》たちは、白《しろ》いものだけを好《この》めば、みな死《し》んでしまうでしょう。その人《ひと》たちには、夜《よる》もあってはならないのです。真《ま》っ暗《くら》な夜《よる》があっては駄目《だめ》なのです。

なぜ、そうなのですか。白人《はくじん》が中心《ちゅうしん》ですか、白人《はくじん》が主《しゅ》となることとは何《なん》なのですか。それは滅《ほろ》びる道《みち》です。滅《ほろ》びる道《みち》なのです、滅《ほろ》びる道《みち》です。それが何年続《なんねんつづ》くのでしょうか。いくら冬《ふゆ》が長《なが》いといっても、三カ月《げつ》しか続《つづ》きません。永遠《えいえん》なるもののために皆《みな》さんは、四季《しき》のすべてを好《す》きにならなくてはなりません。ですから、白人《はくじん》だけが好《す》きでは駄目《だめ》なのです。

これを、誰《だれ》が収拾《しゅうしゅう》しようとするのでしょうか。このレバレンド・ムーンがしようとしているのです。以前《いぜん》には、「レバレンド・ムーンは少数《しょうすう》の弱者《じゃくしゃ》を代表《だいひょう》して戦《たたか》う人《ひと》だ」と、そのように言《い》っていたのです。私《わたし》はそうは思《おも》っていないのに、そう言《い》うのです。青《あお》い目《め》に、頭《あたま》が黄色《きいろ》くて、顔《かお》が白《しろ》い、このような白人《はくじん》たちに注意《ちゅうい》しないといけないのです。人種戦争《じんしゅせんそう》が起《お》これば、有色人《ゆうしょくじん》はみな、総動員《そうどういん》して攻撃《こうげき》するだろうということを皆《みな》さんは知《し》っていますか。

もし有色人種《ゆうしょくじんしゅ》が立《た》ち上《あ》がれば、白人《はくじん》たちをみな掃《は》いて捨《す》ててしまう時《とき》が来《く》ると見《み》るのです。いつまでも白人《はくじん》が世界《せかい》を支配《しはい》すると思《おも》っていてはいけません。神様《かみさま》も、そんなことは思《おも》ってもいらっしゃらないのです。一時《いっとき》は世界《せかい》を愛《あい》し、人類《じんるい》を愛《あい》する人《ひと》たちであったので、神様《かみさま》がそのように思《おも》われたのであって、白人《はくじん》を主《しゅ》として世《よ》の中《なか》を思《おも》いのままにし、白人《はくじん》が世《よ》の中《なか》を支配《しはい》しようという考《かんが》えは、神様《かみさま》が絶対《ぜったい》に許《ゆる》されないのです。

神様《かみさま》の愛《あい》は、神様《かみさま》のすべてを愛《あい》し、全人類《ぜんじんるい》を愛《あい》するだけでなく、過《す》ぎ去《さ》った過去《かこ》、現在《げんざい》、未来《みらい》のすべての人間《にんげん》を愛《あい》する愛《あい》なのです。地獄《じごく》へ行《い》った霊人《れいじん》たちまでも、解放《かいほう》してあげる運動《うんどう》をする神様《かみさま》であることを知《し》らなければなりません。ですから、人間《にんげん》は真理《しんり》の道《みち》を行《い》かなければならず、生命《せいめい》の道《みち》を行《い》かなければならず、愛《あい》の道《みち》を行《い》かなければならないのです。いくら偉大《いだい》であっても、「ため」に生《い》きる基盤《きばん》がなければ、すべての人《ひと》はついてきません。このように、「ため」に生《い》きる人《ひと》が自然《しぜん》と主体《しゅたい》になるのです。真《まこと》の生命《せいめい》の人《ひと》になるというのです。(一九八四・七・一)

第四節《だいよんせつ》　本性《ほんせい》の道《みち》

1　若《わか》い時《とき》に人生《じんせい》の目標《もくひょう》を確実《かくじつ》に立《た》てる

それでは今《いま》、皆《みな》さんが自分《じぶん》の現在《げんざい》の位置《いち》が分《わ》からないということは、船《ふね》が航海《こうかい》する時《とき》、緯度《いど》や経度《けいど》が何度《なんど》であるのかも分《わ》からずに航海《こうかい》するのと、ちょうど同《おな》じことです。自分《じぶん》がどのような位置《いち》にいるのかを知《し》り、自分《じぶん》の方向《ほうこう》を正確《せいかく》に知《し》らなければなりません。自分《じぶん》が行《い》くべき道《みち》を確定《かくてい》しなければなりません。（一九八二・一〇・二〇）

「私《わたし》は何《なに》をすべきか」という観《かん》をもたなければなりません。既《すで》に二十代《だい》になっていれば、二十代《だい》の観《かん》をもって、「私《わたし》はこういうことをするのだ」と、しっかり決《き》めて、一生涯《いっしょうがい》をそのように努力《どりょく》していけば、その人《ひと》は歴史的《れきしてき》な人物《じんぶつ》になるとか、何《なに》かを残《のこ》せる人《ひと》になるのです。人《ひと》の目《め》を気《き》にしながら、環境《かんきょう》に拍子《ひょうし》を合《あ》わせて適当《てきとう》に生《い》きようとする人《ひと》は、流《なが》れていってしまうのです。自分《じぶん》がどんなことをするのか、しっかりと決《き》めたのちには、どんな難関《なんかん》があっても、その目的《もくてき》のために戦《たたか》っていける勇気《ゆうき》がなければなりません。それらを嫌《いや》だと思《おも》わないで、すべて消化《しょうか》できる肝《きも》っ玉《たま》がなければなりません。（一九八二・一〇・二〇）

世《よ》の中《なか》が、そうなのです。すべてが競争《きょうそう》なのです。そこから脱落《だつらく》しないためには、自分自《ぶんみずか》らが失敗《しっぱい》せず、一年《ねん》を失《うしな》わず、一カ月《げつ》を失《うしな》わない確実《かくじつ》な道《みち》を行《い》かなければなりません。それを、どのように行《ゆ》くのかということも競争《きょうそう》なのです。一年遅《ねんおく》れれば、ついていけなくなるのです。一年遅《ねんおく》れてしまえば、家庭《かてい》では既《すで》に赤《あか》ちゃんが生《う》まれて、すべてに一《ひと》足遅《あしおく》れてしまいます。ついていけなくなるのです。弓《ゆみ》を引《ひ》くのと同《おな》じことです。同《おな》じ力《ちから》で矢《や》を弦《つる》に掛《か》けて引《ひ》けば、矢先《やさき》を頭《あたま》にして飛《と》んでいくのです。そうでなければ、何倍《なんばい》もの速《はや》い推進力《すいしんりょく》が加《くわ》えられなければなりません。ところが、そのような人《ひと》はいないのです。

ですから、青春時代《せいしゅんじだい》の一年《ねん》をどのように消化《しょうか》するかということが一番重要《いちばんじゅうよう》なのです。そして、自分《じぶん》の観《かん》をしっかりともち、そこに合《あ》わせていかなければなりません。ダイヤル

と同《おな》じなのです。コンパスと同《おな》じなのです。航海《こうかい》する時《とき》には、方向《ほうこう》をしっかりとつかんで、コンパスで角度《かくど》をしっかりとつかんで出発《しゅっぱつ》しなければなりません。そうしてエンジンをかけ、スクリューを回《まわ》して航海《こうかい》しなければならないのです。万《まん》が一、出発《しゅっぱつ》してから振《ふ》り返《かえ》る時《とき》には、それだけ大変《たいへん》なのです。（一九八二・一〇・二〇）

皆《みな》さんが自《みずか》ら、「私《わたし》はどのような道《みち》を行《い》くべきなのか」ということを知《し》って、行《い》かなければならないというのです。方向《ほうこう》をしっかりと決《き》めたなら、それを中心《ちゅうしん》として、ありったけの力《ちから》をすべて投入《とうにゅう》するのです。疲《つか》れてしまって目《め》も開《あ》けられないほど、耳《みみ》も聞《き》こえないほどに、すべてのものを投入《とうにゅう》しなければなりません。（一九八二・一〇・二〇）

今《いま》から、皆《みな》さんが確実《かくじつ》な決心《けっしん》をして、自《みずか》らの体《からだ》と心《こころ》を一《ひと》つにし、行《い》くべき道《みち》をしっかりと知《し》って、それをつかんだのちには、二十四時間《じかん》、寝《ね》る時《とき》もそのために寝《ね》なければなりません。目《め》を開《あ》ければ、そのために森羅万象《しんらばんしょう》（注《ちゅう》：宇宙間《うちゅうかん》に存在《そんざい》する一切《いっさい》のもの）を、すべて探究《たんきゅう》するのです。比較《ひかく》するのです。自分《じぶん》の世界《せかい》をつくらなければならないというのです。一《ひと》つの心《こころ》、一《ひと》つの思《おも》いで精誠《せいせい》を込《こ》めて、そのような世界《せかい》にしっかりと根《ね》を張《は》って行《い》き来《き》すれば、天下《てんか》に名《な》を残《のこ》す男《おとこ》になるのです。（一九八二・一〇・二〇）

2　本心《ほんしん》を通《とお》して自分《じぶん》の行《い》く方向《ほうこう》を決定《けってい》する

一番大切《いちばんたいせつ》な時代《じだい》は、二十四歳《さい》までです。十八、十九、二十、二十一、二十二、二十三、二十四歳《さい》までの期間《きかん》なのです。二十四歳《さい》までに、完全《かんぜん》に自分《じぶん》の全人生《ぜんじんせい》を懸《か》ける目標《もくひょう》を定《さだ》めなければなりません。それは、皆《みな》さんが修養《しゅうよう》をし、精誠《せいせい》を尽《つ》くせば分《わ》かるようになっているのです。

統一教会《とういつきょうかい》の子供《こども》として生《う》まれたならば、正《ただ》しい信仰生活《しんこうせいかつ》をしていけば自分《じぶん》が何《なに》をしなければならないのか、すぐに分《わ》かるようになっているのです。しかし、自分《じぶん》を中心《ちゅうしん》として生《い》き、自分《じぶん》の考《かんが》えを中心《ちゅうしん》として行動《こうどう》する人《ひと》には分《わ》からないのです。船《ふね》に棲《す》むねずみも、

嵐《あらし》が来《き》て波《なみ》が高《たか》くなると、いつ船《ふね》が壊《こわ》れるのかが分《わ》かって、すぐにひもを伝《つた》って船《ふね》が出港《しゅっこう》する前《まえ》に、みな波止場《はとば》の外《そと》に出《で》ていくのです。人間《にんげん》に、それが分《わ》からないはずはないのです。ですから、自分《じぶん》の行《い》くべき道《みち》が分《わ》からなければならないのです。

皆《みな》さんも、自分《じぶん》の行《い》くべき道《みち》が分《わ》からなければなりません。ありも、長雨《ながあめ》になるのが分《わ》かるのです。ありが行列《ぎょうれつ》になって引《ひ》っ越《こ》しするのを見《み》たことがあるでしょう。役《やく》に立《た》たない空想《くうそう》なんかをしている人《ひと》には分《わ》からないのです。自分《じぶん》で自分《じぶん》の分野《ぶんや》が分《わ》からないという事実《じじつ》は、深刻《しんこく》なものです。深刻《しんこく》にとらえて、重要《じゅうよう》な一生《いっしょう》の問題《もんだい》を、天《てん》と共《とも》に協議《きょうぎ》しなければなりません。そして、自分《じぶん》自《みずか》らが環境的与件《かんきょうてきよけん》に適応《てきおう》しなければなりません。それは、誰《だれ》がしなければならないのですか。それは必《かなら》ず、自分《じぶん》がしなければならないのです。（一九八二・一〇・二〇）

皆《みな》さんの一生《いっしょう》の問題《もんだい》において、専門分野《せんもんぶんや》を策定《さくてい》するには、天《てん》と談判《だんぱん》して、深《ふか》い自分《じぶん》の本心《ほんしん》に問《と》いながら行《おこな》うことです。自分《じぶん》の素性《そせい》は自分《じぶん》で分《わ》かるのです。自分《じぶん》にどんな素質《そしつ》があるのかが、よく分《わ》かるというのです。そして、心《こころ》が私《わたし》をどこに連《つ》れていこうとしているのかが分《わ》からなければなりません。心《こころ》の声《こえ》を聞《き》かなければなりません。方向《ほうこう》を定《さだ》められない船《ふね》は、誰《だれ》も操《あやつ》っていくことができません。ですから、誰《だれ》かが途中《とちゅう》まで操《あやつ》っていって、そこでそのまま止《と》まってしまっても、その先《さき》を自分《じぶん》で探《さが》していける方向性《ほうこうせい》をもたなければなりません。

この者《もの》たち！　全部《ぜんぶ》が全部《ぜんぶ》、経済学科《けいざいがっか》にだけ行《い》こうとするとは何《なん》ですか！　経済学科《けいざいがっか》に行《い》く者《もの》たちは、どろぼうの従兄弟《いとこ》みたいな者《もの》たちです。私《わたし》はそう見《み》るのです。自分《じぶん》の行《い》く道《みち》を探《さが》していかなければなりません。お金《かね》をもつことが、すべてではないのです。お金《かね》が必要《ひつよう》な時《とき》もあれば、また、人《ひと》として行《い》くべき別《べつ》の道《みち》を行《い》かなければならない時《とき》もあるのです。ですから、自分《じぶん》の行《い》くべき道《みち》は、自分《じぶん》で決定《けってい》しなければなりません。お父《とう》さん、お母《かあ》さんに相談《そうだん》しなくても、自分自身《じぶんじしん》が、自分《じぶん》の心《こころ》の深《ふか》いところで、本来自分《ほんらいじぶん》のもって生《う》まれた素質《そしつ》とともに和合《わごう》して、未来《みらい》の目的《もくてき》を志向《しこう》して、天《てん》がその方向《ほうこう》を提示《ていじ》してくれるようにして、自《みずか》ら解決《かいけつ》するようにしなければなりません。（一九八二・一〇・二〇）

皆《みな》さんは、二十《はたち》歳以前《いぜん》に、十八歳前後《さいぜんご》に、「私《わたし》は、どのような人《ひと》になるか」ということを決定《けってい》しなければなりません。それを、自分自《じぶんみずか》ら祈祷《きとう》の中《なか》で、瞑想《めいそう》の中《なか》で分《わ》からなければなりません。ソウル大学《だいがく》に入《はい》ることも必要《ひつよう》でしょう。それは、うまくいっているのかもしれませんが、大《たい》したものではないのです。変《へん》に入《はい》ってしまえば、十年勉強《ねんべんきょう》しても、元《もと》の木阿弥《もくあみ》です。博士学位《はくしがくい》を受《う》けて、卒業《そつぎょう》するや否《いな》や死《し》ぬことも知《し》らずに、ただ喜《よろこ》んでいれば流《なが》されていってしまうのです。（一九八二・一〇・二〇）

人《ひと》はみな、先天的《せんてんてき》に生《う》まれついた素質《そしつ》があるのです。磁石《じしゃく》が南北《なんぼく》に通《つう》じる素性《そせい》をもっているように、あらゆる型《かた》があるのです。すべてが型《かた》をもっているのです。何《なん》の話《はなし》か分《わ》かりますか。すべてが三六〇度《ど》を中心《ちゅうしん》として、方向《ほうこう》をもっているのに、皆《みな》さんは九〇度《ど》で行《い》ったり、また六〇度《ど》で行《い》ったりしていてよいのでしょうか。三六〇度《ど》で行《い》くべきなのに、それぞれに方向《ほうこう》がすべて違《ちが》っているのです。これは深刻《しんこく》な問題《もんだい》です。

先生《せんせい》は若《わか》い時《とき》に、電気工学《でんきこうがく》、科学《かがく》を勉強《べんきょう》したのです。科学《かがく》を勉強《べんきょう》しても、自分《じぶん》の行《い》くべき道《みち》を知《し》っていたのです。自分《じぶん》の行《い》くべき道《みち》は分《わ》かっていたのです。私《わたし》は科学《かがく》の勉強《べんきょう》をしながら、電気《でんき》の方面《ほうめん》に手《て》を付《つ》けたのはなぜかというと、大《おお》きなことを成《な》そうとすれば、数学的《すうがくてき》な計算《けいさん》が速《はや》くなければならないからです。鑑定力《かんていりょく》が速《はや》くなければならないのです。見《み》えないものを管理《かんり》することは、宗教《しゅうきょう》にも通《つう》じるからです。あらゆる現象世界《げんしょうせかい》では、運《うん》動《どう》するすべてのものにも電気現象《でんきげんしょう》を発見《はっけん》できるのです。そういう面《めん》から見《み》た時《とき》、宇宙構《うちゅうこう》成《せい》の作用《さよう》は、必《かなら》ず主体《しゅたい》と対象《たいしょう》の関係《かんけい》でなされているのです。

それで、磁石《じしゃく》の作用《さよう》は地球《ちきゅう》の引力《いんりょく》をしのぐ作用《さよう》として現《あらわ》れるようになっているのですが、それと同《おな》じ作用《さよう》は何《なに》によって可能《かのう》かというのです。地球《ちきゅう》の重力以上《じゅうりょくいじょう》の作用《さよう》で、それを越《こ》えていくというのです。何《なん》のことか分《わ》かりますか。ですから、私《わたし》たちの良心《りょうしん》も同《おな》じなのです。生《う》まれた時《とき》から既《すで》に、自分《じぶん》が生《う》まれた背景《はいけい》をはっきりと知《し》っているのです。これは、自分《じぶん》が判定《はんてい》しなければなりません。そのようなことを感覚《かんかく》し、判定《はんてい》できなければ、皆《みな》さんはこれから大《おお》きなことはできないのです。(一九八二・一〇・二〇)

3　本性《ほんせい》の方向《ほうこう》に合《あ》わせる

皆《みな》さんは、統一教会《とういつきょうかい》の運勢《うんせい》によって生《う》まれた人々《ひとびと》です。統一教会《とういつきょうかい》の運勢《うんせい》で生《う》まれたので、統一教会《とういつきょうかい》の内容《ないよう》と本質《ほんしつ》に接《せっ》することのできるものをもてば、これからすべてのことがうまくいくのです。今《いま》は二十代《だい》なので、大学《だいがく》に通《かよ》っていて、よく分《わ》からないのです。昔《むかし》は、道人《どうじん》と言《い》われた人々《ひとびと》や、野生《やせい》の高麗人参《こうらいにんじん》を探《さが》している人々《ひとびと》は、みな霊的《れいてき》なアンテナを立《た》てて、高麗人参《こうらいにんじん》がどこにあるのかちゃんと分《わ》かって探《さが》したのです。そういうことがいくらでもあったのです。それがなぜ必要《ひつよう》なのかというと、そうすることによって、自分《じぶん》が被害《ひがい》を受《う》けることを避《さ》け、利益《りえき》になることにいくらでも連結《れんけつ》できるからです。そのような道《みち》を探《さが》すのです。無駄《むだ》に時間《じかん》を消耗《しょうもう》するわけにはいかないのです。(一九八二・一〇・二〇)

そのような素質《そしつ》をもって皆《みな》さんが生《う》まれたことを知《し》り、皆《みな》さん自身《じしん》が、お父《とう》さん、お母《かあ》さんたちが考《かんが》える前《まえ》に、二十歳《はたち》になる前《まえ》に、自分《じぶん》の行《い》くべき道《みち》を選《えら》んでおきなさいというのです。そのような心《こころ》をもっていれば、もし違《ちが》う方《ほう》へ行《い》った時《とき》も、自分《じぶん》の行《い》くべき道《みち》に体《からだ》が帰《かえ》ってくるのです。すべて、教《おし》えてくれるのです。あすの朝《あさ》になれば東《ひがし》に行《ゆ》こうと思《おも》って、東《ひがし》に向《む》かって寝《ね》たとしても、東《ひがし》に行《ゆ》くことが良《よ》くなければ、いつの間《ま》にか、南《みなみ》に向《む》かって寝《ね》ているのです。なぜそうなのかというと、南《みなみ》に行《ゆ》かなければならないからです。ですから、あらゆるものが南《みなみ》に向《む》かうのです。体自体《からだじたい》が分《わ》かっているのです。そのように鋭敏《えいびん》になっているのです。皆《みな》さんもそのような境地《きょうち》に入《はい》らなければ、これからは偉大《いだい》な指導者《しどうしゃ》になり得《え》ないのです。これから、二世《せい》の責任者《せきにんしゃ》たちが先生《せんせい》の代《か》わりに立《た》っても、責任《せきにん》をもてないのです。皆《みな》さんすべてが、自動的《じどうてき》に自分《じぶん》の心霊《しんれい》を検討《けんとう》する時《とき》が、だんだんと近《ちか》づいてきているのです。一《ひと》つの村《むら》に十人《にん》の人《ひと》が住《す》んでいれば、三人《にん》はみな通《つう》じるのです。何《なに》を考《かんが》えているのか、すべて分《わ》かるようになるのです。そういう時《とき》が来《く》るということを知《し》らなければなりません。ですから、皆《みな》さんは今《いま》、正《ただ》しい姿勢《しせい》で精誠《せいせい》を尽《つ》くさなければならないのです。（一九八

二・一〇・二〇）

皆《みな》さんは、父母《ふぼ》が精誠《せいせい》を尽《つ》くして生《う》まれたのであれば、そのような基準《きじゅん》ですべてを感知《かんち》し、未来《みらい》に対《たい》する計画《けいかく》も、深《ふか》い思索《しさく》の中《なか》で自分《じぶん》自《みずか》ら構想《こうそう》することができるようになっているのです。このような位置《いち》に立《た》てば正常《せいじょう》なのですが、そのようになれない時《とき》は、みな落第《らくだい》なのです。（一九八二・一〇・二〇）

本性《ほんせい》の方向性《ほうこうせい》に合《あ》わせなければなりません。方向性《ほうこうせい》を東側《ひがしがわ》に合《あ》わせなければならないのに、北側《きたがわ》にいくら合《あ》わせても駄目《だめ》だというのです。そのような一生《いっしょう》は、行《い》けば行《い》くほど、だんだんと小《ちい》さな谷間《たにま》に入《はい》っていくのです。（一九八二・一〇・二〇）

本心《ほんしん》が願《ねが》う道《みち》を行《い》くようになれば、宇宙《うちゅう》が一《ひと》つになるのです。それは、弾丸《だんがん》よりも速《はや》く、もっと強《つよ》いのです。そのような何《なに》かがなければなりません。

そのような位置《いち》に入《はい》るようになれば、自分《じぶん》の心《こころ》と話《はなし》ができるようになるのです。そのような境地《きょうち》で心《こころ》と話《はなし》をして、何《なに》かしようと思《おも》えば、すぐに答《こた》えが出《で》てくるのです。そうなれば、試験問題《しけんもんだい》までも分《わ》かるのです。試験勉強《しけんべんきょう》をしなければならない時《とき》に、試験《しけん》の範囲《はんい》が何《なん》ページなのかが分《わ》からなければ、口《くち》から「何《なん》ページだ」と言葉《ことば》が出《で》てくるのです。そのような境地《きょうち》にまでなるのです。

そのような境地《きょうち》に入《はい》れば、自分《じぶん》の行《い》くべき道《みち》が分《わ》かるのです。すべて行《い》くべき道《みち》が確実《かくじつ》となり、宇宙《うちゅう》のあらゆる作用《さよう》の力《ちから》が助《たす》けてくれるのです。手《て》を引《ひ》っ張《ぱ》って試験場《しけんじょう》に入《はい》るようになると、すぐにすべてのものが協助《きょうじょ》するのです。そのようになれば、大《おお》きなことができるのです。

そのような偉大《いだい》な力《ちから》の背景《はいけい》が中心《ちゅうしん》となって生活《せいかつ》できる人《ひと》が、真《まこと》なる人間《にんげん》なのです。真《まこと》なる人間《にんげん》とは、そのように無限《むげん》なる力《ちから》のバックグラウンドがあり、自分《じぶん》が志向《しこう》する方向《ほうこう》に無限《むげん》に押《お》してくれるのです。方向《ほうこう》が違《ちが》えば、一遍《いっぺん》に分《わ》かるようになるのです。統一教会《とういつきょうかい》は今《いま》、皆《みな》さんが理解《りかい》しているような統一教会《とういつきょうかい》ではありません。深《ふか》く、高《たか》い背景《はいけい》、偉大《いだい》な力《ちから》のバックグラウンドをもっているのです。ですから、皆《みな》さんが努力《どりょく》して、このような境地《きょうち》をすべて連結《れんけつ》して上《あ》がっていけば、すべてのものが解決《かいけつ》されるのです。そして、そのような面《めん》で皆《みな》さんが、行《い》くべき方向感覚《ほうこうかんかく》を決定《けってい》するのです。自分《じぶん》でしなければなりません。自分《じぶん》が一番《いちばん》よく知《し》っているのです。（一九八二・一〇・二〇）

4　心情世界《しんじょうせかい》を中心《ちゅうしん》として動《うご》く

人《ひと》は、沈着《ちんちゃく》な心《こころ》の深《ふか》い所《ところ》に、心《こころ》の落《お》ち着《つ》く所《ところ》があるのです。心《こころ》の眠《ねむ》る所《ところ》があるのです。その所《ところ》まで私《わたし》の心《こころ》が入《はい》らなければなりません。そこで眠《ねむ》って、起《お》きた時《とき》には鋭敏《えいびん》になるのです。そこで雑念《ざつねん》を除《のぞ》き、精神《せいしん》を集中《しゅうちゅう》すれば、あらゆることに通《つう》じるのです。ですから、修養《しゅうよう》や祈祷《きとう》が必要《ひつよう》なのです。

先生《せんせい》も祈祷《きとう》するのです。精誠《せいせい》を尽《つ》くすのです。いつでも、精誠《せいせい》を尽《つ》くさなければならないのです。ある時《とき》、精誠《せいせい》を一回《かい》だけ尽《つ》くしておいて利用《りよう》するものではありません。いつも刀《かたな》は磨《みが》かなければなりません。刀《かたな》を使《つか》って一回《かい》でも磨《みが》かなければどうなるでしょうか。いつも磨《みが》かなければなりません。ですから一回《かい》だけでなく、いつでも磨《みが》いておかなければならないのです。それが問題《もんだい》なのです。静《しず》かに、心《こころ》の位置《いち》をつかんでおかなければならないのです。

そうすれば、皆《みな》さんの成《な》すべきことがすべて分《わ》かるようになるというのです。それをしなければなりません。良《よ》くない考《かんが》えをもって、若《わか》い女性《じょせい》のあとをついて回《まわ》り、よこしまなことをしてはなりません。皆《みな》さんは方向感覚《ほうこうかんかく》をよくつかみ、それを中心《ちゅうしん》として、それに従《したが》わなければならないのです。方向《ほうこう》は一《ひと》つしかないのです。ですから皆《みな》さんは、万般《ばんぱん》の準備《じゅんび》をしなければならず、整備《せいび》をしなければなりません。毎日《まいにち》のように、自《みずか》らが押《お》し出《だ》すことのできる推進力《すいしんりょく》をつけなければなりません。それは、自分一人《じぶんひとり》でしても駄目《だめ》なのです。

十八歳《さい》にもなれば、自分《じぶん》がどんな人《ひと》なのかということが、すべて分《わ》かるのです。ですから、いら立《だ》ちやすいのです。友人《ゆうじん》の力《ちから》が必要《ひつよう》になったり、先生《せんせい》の力《ちから》が必要《ひつよう》になったり、神様《かみさま》の力《ちから》が必要《ひつよう》になるのです。

先生《せんせい》も、自分自身《じぶんじしん》が今《いま》もっている力《ちから》よりも大《おお》きな世界的《せかいてき》なことをする前《まえ》には、深刻《しんこく》になるのです。より大《おお》きな力《ちから》が必要《ひつよう》な時《とき》は、それをどこからもってくるのかということが問題《もんだい》になるのです。もってくることができない時《とき》には、後退《こうたい》しなければならないのですが、そうするわけにはいかないのです。

ですから、祈祷《きとう》が必要《ひつよう》であり、神様《かみさま》が必要《ひつよう》なのです。それで、心情《しんじょう》の世界《せかい》が必要《ひつよう》なのです。愛《あい》の世界《せかい》は、いくら引《ひ》っ張《ぱ》り出《だ》しても終《お》わりがないのです。物質《ぶっしつ》の世界《せかい》も、知識《ちしき》の世界《せかい》も、権力《けんりょく》の世界《せかい》も、すべて崩壊《ほうかい》するのですが、心情《しんじょう》の世界《せかい》は無限《むげん》なのです。それで、心情《しんじょう》の世界《せかい》を中心《ちゅうしん》として動《うご》かなければならないのです。（一九八二・一〇・二〇）

心情《しんじょう》の世界《せかい》の中央《ちゅうおう》では、下《お》りていったり、上《のぼ》っていったり運動《うんどう》するのです。自動的《じどうてき》に運動《うんどう》するのです。これが息《いき》をするということなのです。地球《ちきゅう》も息《いき》をするということを知《し》っていますか。地球《ちきゅう》も一メートル近《ちか》く息《いき》をするのです。そのようにしながら調整《ちょうせい》しているのです。円形《えんけい》に、曲《ま》がっているのを調整《ちょうせい》しているのです。したがって、心情《しんじょう》の世界《せかい》も中央《ちゅうおう》はすべて、軸《じく》を中心《ちゅうしん》として、上《のぼ》っていったり、下《お》りていったりするのです。運動《うんどう》するというのです。

また、あらゆる存在物《そんざいぶつ》は、楕円形《だえんけい》で形成《けいせい》されているのです。分《わ》かりますか。それが分《わ》からなければ、心《こころ》の、心情《しんじょう》の中心《ちゅうしん》へ入《はい》ってみなさいというのです。そこでは、無限《むげん》なる力《ちから》が伝《つた》わってくるのです。それで、九〇度《ど》の角度《かくど》だけつくれば、無限《むげん》の力《ちから》を維持《いじ》することができるのです。

ですから、道《みち》を選《えら》んで行《い》かなければならないのです。精誠《せいせい》を尽《つ》くし、世《よ》の中《なか》のすべての面《めん》で、深《ふか》い心霊世界《しんれいせかい》を体験《たいけん》しなければなりません。なぜかというと、一生涯《いっしょうがい》生きていくために、推進力《すいしんりょく》を無限《むげん》に補給《ほきゅう》できる一《ひと》つの源泉《げんせん》が必要《ひつよう》なので、そのような業《わざ》をするのです。（一九八二・一〇・二〇）

精誠《せいせい》を尽《つ》くして、自分《じぶん》の行《い》く道《みち》を自分《じぶん》で見分《みわ》けて行《い》くべきなのです。本性《ほんせい》の行《い》く道《みち》があるのです。絵《え》の素質《そしつ》のある人《ひと》は、絵《え》を描《えが》く時《とき》、一見《いっけん》して鏡《かがみ》のような所《ところ》に画幅《がふく》がぱっと現《あらわ》れないといけません。何《なん》のことか分《わ》かりますか。既《すで》に心《こころ》で絵《え》を描《えが》いているのです。それと同《おな》じように、生《う》まれついたものがあるのです。ですから、生《う》まれつきもっているものから出発《しゅっぱつ》しなければなりません。そのようなものを捨《す》てて行《い》けば、すべてに失敗《しっぱい》してしまいます。深刻《しんこく》なことです。すべて流《なが》れていってしまうのです。（一九八二・一〇・二〇）

恩進様　仁進様　譽進様　孝進様

うちの孝進《ヒョジン》のような場合《ばあい》、私《わたし》にこのように話《はなし》をするのです。「お父《とう》さん、変《へん》なんです。三時《じ》になると、音楽《おんがく》が聞《き》こえるのです。静《しず》かに、深刻《しんこく》に……」。彼《かれ》は、そういう素質《そしつ》をもって生《う》まれているのです。誰《だれ》でも、何《なん》らかの天才的《てんさいてき》な素質《そしつ》をもって生《う》まれるのです。生《う》まれつきというのは、既《すで》にそのように生《う》まれついたということです。良《よ》い素質《そしつ》をもって生《う》まれているので、これを無限《むげん》に活用《かつよう》すれば、無限《むげん》に発展《はってん》できるというのです。（一九八二・一〇・二〇）

かつて、譽進《イエジン》が学校《がっこう》に行《ゆ》くようになって、「お父《とう》さん、私《わたし》、おかしいわ」と言《い》うのです。「何《なに》がおかしいのか話《はな》しなさい」と言《い》うと、子供《こども》たちすべてが、何《なに》かをなくしたりすると、自分《じぶん》に聞《き》いてくるというのです。そこで譽進《イエジン》が、「あなたの家《いえ》のどこどこを捜《さが》してみなさい」と言《い》うと、そこで捜《さが》し出《だ》せるというのです。それは理解《りかい》できますか。すべて分《わ》かるようになっているのです。分《わ》かるのです。

また、恩進《ウンヂン》の場合《ばあい》は、さっと誰《だれ》かが来《き》た時《とき》、「お母《かあ》さん、私《わたし》はすぐ行《い》こうとするのに、心《こころ》がしきりに戻《もど》ろうとするの。何《なん》でこうなのかしら」と言《い》うのです。すると誰《だれ》かが、「その人《ひと》は、あなたが応対《おうたい》しては駄目《だめ》です」と教《おし》えてくれるのです。霊的《れいてき》に分《わ》かるのです。そのような磁石《じしゃく》の作用《さよう》のような何《なに》かがあるのです。皆《みな》さんに、そのような面《めん》があるのに、そのような方向感覚《ほうこうかんかく》を感知《かんち》できなければ、大変《たいへん》なことになるのです。

譽進《イエヂン》もそうで、仁進《インヂン》もそうで、恩進《ウンヂン》もそうです。「お父《とう》さん、変《へん》だわ。誰《だれ》かが失敗《しっぱい》するわ」と言《い》うのです。それで、気分《きぶん》が悪《わる》いというのです。そのようなことは予感《よかん》で分《わ》かるのです。どこに行《ゆ》こうと、さっと出掛《でか》ける時《とき》、何《なに》が悪《わる》いのか良《よ》いのか、予感《よかん》で分《わ》かるのです。

それで、約束《やくそく》した人《ひと》が悪《わる》い時《とき》には、必《かなら》ず時間《じかん》を遅《おく》らせて行《い》くとか、一時間前《じかんまえ》に早《はや》く行《い》くとかしなければなりません。行《い》く前《まえ》に、霊的《れいてき》に戦《たたか》って出発《しゅっぱつ》するのです。そうすれば、それを免《まぬか》れることができ、コントロールすることもできるというのです。ですから、道《みち》(注《ちゅう》:見通《みとお》し)の生活《せいかつ》が重要《じゅうよう》だというのです。このようなことをコントロールできるので、

このように自分《じぶん》の運命《うんめい》を避《さ》けることができ、防《ふせ》ぐことができる自制《じせい》力《りょく》を育《そだ》てることができるのです。(一九八二・一〇・二〇)

5 本性《ほんせい》の生活《せいかつ》

先生《せんせい》は十六歳《さい》の時《とき》、深刻《しんこく》だったのです。その時《とき》、深刻《しんこく》だったのです。どこかに行《ゆ》くようになっていても、行《い》きたくない時《とき》には行《い》かないのです。もし行《い》ったとすれば、必《かなら》ず事故《じこ》が起《お》こるからです。今《いま》でもそうです。ですから、怨讐《おんしゅう》の多《おお》い世界《せかい》の中《なか》で、今日《こんにち》まで生《い》き残《のこ》ってきたのです。私《わたし》をねらう人《ひと》がどのくらいいるか知《し》っていますか。

皆《みな》さん、考《かんが》えてみてください。偉大《いだい》な人《ひと》になればなるほど、本当《ほんとう》に困難《こんなん》が多《おお》いのです。それをすべて越《こ》えるためには、自分《じぶん》が行《い》く道《みち》をある程度《ていど》選《えら》ばなければなりません。先生《せんせい》に、「先生《せんせい》、大変《たいへん》なことになりました」と言《い》った時《とき》は、既《すで》に分《わ》かっているのです。「何《なに》かの問題《もんだい》が起《お》こりました」と言《い》った時《とき》も、私《わたし》にはすべて分《わ》かっているのです。そうでなければ、これから大《おお》きな指導者《しどうしゃ》にはなれないのです。そのために、皆《みな》さんは平面的《へいめんてき》な考《かんが》えを捨《す》てて、立体的《りったいてき》な考《かんが》えをもたなければなりません。平面《へいめん》は立体圏内《りったいけんない》に無限《むげん》に入《はい》っていくのです。そのようなことがあるので、良心《りょうしん》がまっすぐでない人《ひと》は、いくら偉《えら》くても先生《せんせい》の前《まえ》に来《く》れば、一遍《いっぺん》に押《お》されてしまうのです。説明《せつめい》は必要《ひつよう》ないのです。心《こころ》が吸収《きゅうしゅう》されて、すべて押《お》されていきながら、自分《じぶん》の位置《いち》を探《さが》して入《はい》るのです。既《すで》に分《わ》かるというのです。皆《みな》さんは、先生《せんせい》を知《し》らないでしょう? どうですか、先生《せんせい》が分《わ》かりますか。「私《わたし》のお父《とう》さん、お母《かあ》さんを祝福《しゅくふく》してくださいました」と言《い》うだけの先生《せんせい》ではないのです。四十億人類《おくじんるい》の中《なか》で、歴史上一番《れきしじょういちばん》知《し》られた名《な》が「レバレンド・ムーン」なのです。

もちろん、知識的《ちしきてき》な実力《じつりょく》もなければなりませんが、霊界《れいかい》など、これからの研究対象《けんきゅうたいしょう》となる世界《せかい》は未知《みち》の世界《せかい》なので、心霊《しんれい》が成長《せいちょう》しなければならないのです。コンピューターで人間《にんげん》の運命《うんめい》をすべて打診《だしん》できる段階《だんかい》に入《はい》ったのです。それ以上《いじょう》、コンピューターを使《つか》わずに、鑑定《かんてい》できる人《ひと》にならなければなりません。これから、そのような時《とき》が来《く》るのです。

(一九八二・一〇・二〇)

先生《せんせい》は、日曜学校《にちようがっこう》でも有名《ゆうめい》だったのです。その当時《とうじ》から、有名《ゆうめい》な先生《せんせい》だったのです。日《にち》曜学校《ようがっこう》の壇上《だんじょう》に立《た》って、私《わたし》が泣《な》くとみな泣《な》きだしたのです。既《すで》にその境地《きょうち》に入《はい》っていたのです。私《わたし》は、小説《しょうせつ》みたいなものはあまり読《よ》まなかったのです。そのようなものを読《よ》むのも好《す》きではないからです。私《わたし》がすべて構想《こうそう》しても、それ以上《いじょう》にできるのです。ですから、どこかの監獄《かんごく》に行《い》って話《はなし》をするようになれば、一年《ねん》、十二カ月《げつ》の間《あいだ》、長編小説《ちょうへんしょうせつ》をいくらでも続《つづ》けて話《はな》すことができるのです。さっと、すべてできるのです。笛《ふえ》の音《ね》が聞《き》こえてくれば、その音《ね》に私《わたし》の曲調《きょくちょう》を合《あ》わせれば、その環境《かんきょう》がすべて共《とも》に戯《たわむ》れだすというのです。（一九八二・一〇・二〇）

また先生《せんせい》は、昔《むかし》からよく眠《ねむ》りながら説教《せっきょう》したのです。眠《ねむ》りながら話《はなし》をするのです。日曜《にちよう》学校《がっこう》に通《かよ》う時《とき》にも、眠《ねむ》りながら説教《せっきょう》するのです。そして、その説教《せっきょう》の自分《じぶん》の声《こえ》に起《お》こされるのです。その時既《ときすで》に、天《てん》を代表《だいひょう》して多《おお》くの人《ひと》たちを指導《しどう》するだろうということを私《わたし》は知《し》っていたのです。私《わたし》が教会《きょうかい》の前《まえ》を通《とお》り過《す》ぎようとすると、昼食《ちゅうしょく》を食《た》べたあとでも、訳《わけ》もなく入《はい》って食《た》べたくなるのです。壇上《だんじょう》に上《のぼ》って食《た》べたいのです。そうなるのです。はしごを掛《か》けて上《のぼ》ることを知《し》っているのです。心《こころ》が、既《すで》に分《わ》かるのです。（一九八二・一〇・二〇）

6　一番近《いちばんちか》い先生《せんせい》は自分《じぶん》の心《こころ》である

皆《みな》さんにはこの救《きゅう》援摂理《えんせつり》が、どれほど大変《たいへん》なことなのかが分《わ》からないのです。その道《みち》は、友人《ゆうじん》も助《たす》けることのできない道《みち》なのです。先生《せんせい》が歩《あゆ》んできた道《みち》は、友人《ゆうじん》も助《たす》けることができません。助《たす》けてもらってはいけないのです。妻《つま》も助《たす》けることはできません。父母《ふぼ》も助《たす》けることはできません。それが、父母《ふぼ》の位置《いち》であり、アダムの位置《いち》なのです。

その時《とき》は、誰《だれ》もいないのです。先生《せんせい》もいなければ、誰《だれ》もいないのです。いるのは霊界《れいかい》の天使《てんし》だけです。本来《ほんらい》は天使《てんし》たちの救《きゅう》援《えん》を受《う》けるようになっているのですが、堕落《だらく》した天《てん》使圏《しけん》なので、その天使圏《てんしけん》の救《きゅう》援《えん》も受《う》けてはいけないというのです。それは、利用《りよう》しようとするからです。利用《りよう》しようとするのです。誰《だれ》も信《しん》じられないのです。神様《かみさま》さえも、正常《せいじょう》に相対《そうたい》してくれないのです。神様《かみさま》も試験《しけん》をして、それにパスしなければ、相対《そうたい》できなくなっているのです。

人間《にんげん》が神様《かみさま》に背《そむ》いたので、神様《かみさま》も人間《にんげん》を信《しん》じるためには、どうすることもできないことがあるのです。エデンの園《その》で、自由《じゆう》に信《しん》じることのできる環《かん》境《きょう》を見捨《みす》てた人間《にんげん》なので、不信《ふしん》のこのサタン世界《せかい》において、信《しん》じられる息子《むすこ》を探《さが》し出《だ》すという事実《じじつ》を考《かんが》えられない神《かみ》様《さま》なのです。そうですね？（はい）。

神様《かみさま》が信《しん》じることのできる立場《たちば》に立《た》つためには、どんな試験《しけん》でもすべて経《へ》なければならないのです。先生《せんせい》が今日《こんにち》の立場《たちば》に立《た》つためには、ありとあらゆる試験《しけん》を経《へ》てきたのです。私《わたし》がその試験《しけん》の話《はなし》をしないので、皆《みな》さんは分《わ》からないのです。その内容《ないよう》が分《わ》からないのです。その話《はなし》を私《わたし》はしないのです。そんな話《はなし》は残《のこ》したくないのです。

エデンの園《その》に、そのような話《はなし》が残《のこ》っては駄目《だめ》なのです。本来《ほんらい》の世界《せかい》には、そのようなものがあってはならないのです。それは先生《せんせい》だけが知《し》っていて、すべて消化《しょうか》して、後代《こうだい》の人《ひと》たちには良《よ》い話《はなし》だけを残《のこ》してあげたいのが先生《せんせい》の考《かんが》えなのです。悪《わる》いものはすべて私《わたし》から始《はじ》まり、すべて蕩滅《とうげん》して、皆《みな》さんの時代《じだい》には、良《よ》いものだけを残《のこ》していこうとしているのです。ですから、できれば監獄《かんごく》の話《はなし》などは残《のこ》さないようにしていたいのです。監獄《かんごく》の話《はなし》などをすれば、慟哭《どうこく》（注《ちゅう》：声《こえ》を出《だ》して泣《な》き悲《かな》しむこと）する人《ひと》がとてもたくさん出《で》るのです。そのような話《はなし》をするようになれば、もちろん情緒的面《じょうちょてきめん》で衝撃《しょうげき》も受《う》け、もう一度決心《どけっしん》するだ

天上天下　唯我独尊

ろうけれども、それでは駄目《だめ》なのです。そのように決心《けっしん》するより、順理的《じゅんりてき》、原則的《げんそくてき》に決心《けっしん》しなければ駄目《だめ》だというのです。

このような衝撃的《しょうげきてき》な立場《たちば》で決心《けっしん》するよりも、真理《しんり》に立脚《りっきゃく》した、真実《しんじつ》に立脚《りっきゃく》した立場《たちば》で決心《けっしん》しなければなりません。誰《だれ》かに強要《きょうよう》されてではなく、自分《じぶん》がしたくてしなければならないのです。そういうものなのです。真実《しんじつ》に出会《であ》えば、心《こころ》は動《うご》くのです。

ですから、自分《じぶん》の一番近《いちばんちか》い先生《せんせい》は誰《だれ》かというと、自分《じぶん》の心《こころ》なのです。一番親《いちばんした》しい友人《ゆうじん》よりも貴《とうと》いものが自分《じぶん》の心《こころ》であり、お父《とう》さん、お母《かあ》さんよりも貴《とうと》いものが自分《じぶん》の心《こころ》なのです。それゆえ、心《こころ》に聞《き》いてみるのです。その心《こころ》には、神様《かみさま》が入《はい》っていらっしゃるのです。その声《こえ》を聞《き》く方法《ほうほう》を知《し》らなければなりません。心《こころ》の声《こえ》を聞《き》く方法《ほうほう》を知《し》らないといけないのです。その立場《たちば》にまで入《はい》らなければならないのです。

仏教《ぶっきょう》では、「自性《じしょう》（注《ちゅう》：本来《ほんらい》もっている性質《せいしつ》）を明《あか》るくしなければならない」という言葉《ことば》があり、「天上天下唯我独尊《てんじょうてんげゆいがどくそん》」と釈迦牟尼《しゃかむに》は言《い》ったのですが、それは何《なん》のことかというと、私《わたし》が私《わたし》に聞《き》いてみると、私《わたし》の中《なか》に神様《かみさま》が入《はい》っていることが分《わ》かるということなのです。そうなれば、できないことがないのです。

ですから、自分《じぶん》の心《こころ》を明《あか》るくしなければなりません。心《こころ》を明《あか》るくしなければならないのです。心《こころ》は、先生《せんせい》よりも優《すぐ》れているのです。心《こころ》は、永遠《えいえん》なる私《わたし》の主人《しゅじん》なのです。ですから、よこしまな心《こころ》をもってはならないというのです。公理《こうり》に属《ぞく》した、公的《こうてき》な位置《いち》に立《た》つ心《こころ》をもたなければならないのです。（一九八四・七・一〇）

7　心《こころ》に同化《どうか》する生活《せいかつ》

愛《あい》する心《こころ》は、いつでも犠牲《ぎせい》になろうとするのです。譲歩《じょうほ》しようとするのです。与《あた》えても、また与《あた》えようとするのです。例《たと》えば、私《わたし》にお金《かね》が約《やく》百億《おく》あって、すべて道端《みちばた》で分《わ》けてあげたとします。それでも、心《こころ》は安《やす》らかではないのです。世界《せかい》の人類《じんるい》を助《たす》けてあげられなかったからです。お金《かね》がもっとあれば、もっと分《わ》けてあげたいのです。切《き》りがないのです。ですから、神様《かみさま》の心《こころ》は測量《そくりょう》できないのです。神様《かみさま》の心《こころ》がそうだというのです。神様《かみさま》の心《こころ》はどれだけ大《おお》きいことでしょうか、どれだけ深《ふか》いことでしょうか。ですから、自分《じぶん》を誇《ほこ》ることはできないというのです。自分《じぶん》を誇《ほこ》れないのです。いくら立派《りっぱ》なことをしたとしても、心《こころ》に聞《き》くと、「もっとしなければならない」と答《こた》えるのです。

世《よ》の中《なか》の人々《ひとびと》は、少《すこ》しでも分《わ》かってもらうことを願《ねが》うのです。分《わ》かってもらうことを願《ねが》い、称賛《しょうさん》してもらうことを願《ねが》うのです。しかし、心《こころ》はそうではないのです。心《こころ》はそうではありません。人々《ひとびと》は、分《わ》かってもらうことを願《ねが》うのですが、それを分《わ》かってもらう日《ひ》には、それで終《お》わりなのです。おしまいになるのです。もし、それが好《す》きになれば、第《だい》二段階《だんかい》として高《たか》い次元《じげん》に上《あ》がる時《とき》に障害《しょうがい》が多《おお》いのです。なぜ障害《しょうがい》が多《おお》いかというと、心《こころ》が願《ねが》う道《みち》は十字架《じゅうじか》の道《みち》なので、たびたび称賛《しょうさん》を受《う》けていると、その位置《いち》が居心地《いごこち》良《よ》くなるのです。尊敬《そんけい》されていると、気持《きも》ちが良《よ》いので十字架《じゅうじか》を背負《せお》わないようになるのです。第《だい》二段階《だんかい》の心《こころ》の道《みち》を行《い》こうとすれば、十字架《じゅうじか》を背負《せお》わなければならないので、それが難《むずか》しい道《みち》になるのです。体《からだ》が願《ねが》う道《みち》ではないので、行《い》けないのです。

ですから先生《せんせい》は、三十歳近《さいちか》くになる時《とき》まで、本当《ほんとう》にひもじい生活《せいかつ》をしたのです。いつも、ひもじい生活《せいかつ》をしたのです。おなかのすかない日《ひ》はなかったのです。そのような生活《せいかつ》をしたのです。おなかのすいた人々《ひとびと》に同情《どうじょう》しながらも、私《わたし》はおなかのすいた時間《じかん》を褒《ほ》めたたえなければなりませんでした。それは、深刻《しんこく》なことなのです。おなかのすいた時《とき》は、深刻《しんこく》なのです。一番深刻《いちばんしんこく》なのです。御飯《ごはん》がなくて食《た》べないのではないのです。わざわざその道《みち》を行《い》くのです。責任《せきにん》を果《は》たせない人《ひと》は、思《おも》いのままに御飯《ごはん》を食《た》べられないというのです。私《わたし》が準備《じゅんび》する、あらゆる課題《かだい》を成《な》す前《まえ》には、睡眠《すいみん》もとることができないのです。ですから、何《なん》らかの違《ちが》う考《かんが》えをする余地《よち》がないのです。それでも心《こころ》は、「もっとせよ」と迫《せま》るのです。

そうです。私《わたし》たちは、昼寝《ひるね》ができないのです。いくら疲《つか》れていても昼寝《ひるね》ができません。きのうも、一、二時間《じかん》は寝《ね》たでしょうか。お母様《かあさま》は、「疲《つか》れるので少《すこ》し休《やす》むようにしてください」と言《い》うのですが、心《こころ》が許《ゆる》さないのです。「年《とし》を取《と》ったので、休《やす》む時《とき》が来《き》たのです」と言《い》うけれども、寝《ね》ることができないのです。私《わたし》は年《とし》を取《と》っていますが、私《わたし》がする仕事《しごと》は、若《わか》い人《ひと》よりも多《おお》いのです。以前《いぜん》よりも、もっと大《おお》きい問題《もんだい》がたくさん起《お》きているのに、それを誰《だれ》かに任《まか》せることはできないというのです。今《いま》の仕事《しごと》すべてを、誰《だれ》かに任《まか》せられないのです。私《わたし》がすべて、指示《しじ》するのです。それも、ただ単《たん》に指示《しじ》するのではありません。霊的《れいてき》な何《なに》かを得《え》て指示《しじ》するのです。

ですから、仕事《しごと》をする過程《かてい》で、心《こころ》が私《わたし》を通《とお》して教《おし》えてくれるのです。心《こころ》がさっと分《わ》かるのです。その人《ひと》を見《み》れば、その人《ひと》がどういう人《ひと》かということが一遍《いっぺん》に分《わ》かるのです。既《すで》に、それが分《わ》かるというのです。自分《じぶん》にとって一番近《いちばんちか》い先生《せんせい》は誰《だれ》かというと、自分《じぶん》の心《こころ》なのです。ですから、心《こころ》を苦《くる》しめてはならないというのです。心《こころ》を悲《かな》しませてはならないというのです。それは、先生《せんせい》を悲《かな》しませることであり、天宙《てんちゅう》の主人《しゅじん》を悲《かな》しませることになるのです。心《こころ》が私《わたし》の一生《いっしょう》の主人《しゅじん》なのです。心《こころ》を悲《かな》しくさせることは、私《わたし》の一生《いっしょう》の主人《しゅじん》を悲《かな》しくさせることなのです。心《こころ》が喜《よろこ》び得《う》る道《みち》を行《い》かなければなりません。

ですから私《わたし》は、中学校時代《ちゅうがっこうじだい》には学校《がっこう》の掃除《そうじ》をすべてしたのです。私《わたし》が先頭《せんとう》に立《た》って全《ぜん》校《こう》を愛《あい》したい心《こころ》があったので、全校《ぜんこう》を代表《だいひょう》して掃除《そうじ》をしようと思《おも》ったのです。そうなると、他人《たにん》が手助《てだす》けすることも良《よ》くないのです。一人《ひとり》でしたいのです。一人《ひとり》できれいに掃除《そうじ》しようとするのです。それで、他《た》の人《ひと》が掃除《そうじ》した所《ところ》を、もう一度《ど》するようになったのです。そのように何回《なんかい》かしていると、友達《ともだち》がみな、「それなら、お前一人《まえひとり》でやれ」と言《い》うのです。ですから、自然《しぜん》に一人《ひとり》でするようになるのです。

その時間《じかん》は、心《こころ》と楽《たの》しむ時間《じかん》なのです。この世的《よてき》に見《み》ると悲《かな》しい立場《たちば》みたいですが、心《こころ》と友達《ともだち》となる時間《じかん》なのです。それで、すべて掃除《そうじ》して座《すわ》って瞑想《めいそう》でもすれば、深《ふか》い祈祷《きとう》の場《ば》に入《はい》れるのです。他《た》の人《ひと》には分《わ》からない深《ふか》い世界《せかい》に入《はい》れるのです。そのようなことが必《ひっ》要《よう》なのです。

皆《みな》さんが劇場《げきじょう》に行《ゆ》くようになると、幕《まく》が良《よ》ければ、良《よ》い劇場《げきじょう》だというのですが、そう言《い》わないでください。その幕《まく》が良《よ》いからといって、どうなのですか、劇《げき》が良《よ》いかどうかが分《わ》かりますか。その劇《げき》がどれだけ良《よ》いのかという問題《もんだい》は、その劇《げき》を中心《ちゅうしん》として、人々《ひとびと》がどれだけ一《ひと》つになっているのかということで決《き》まるのです。心《こころ》と同化《どうか》して版図《はんと》を広《ひろ》げる生《せい》活《かつ》をいかにしているか、ということが問題《もんだい》なのです。（一九八四・七・一〇）

第《だい》五節《せつ》 公義《こうぎ》の道《みち》

1 統一教会《とういつきょうかい》の主流《しゅりゅう》思想《しそう》と真《まこと》の愛《あい》の道《みち》

統一教会《とういつきょうかい》は、何《なん》のみ旨《むね》をもって進《すす》んでいるのかというと、神様《かみさま》を中心《ちゅうしん》とする世界的《せかいてき》思想《し　そう》をもって進《すす》んでいるのです。ある一民族的《みんぞくてき》思想《しそう》ではありません。大韓民国《だいかんみんこく》を中心《ちゅうしん》とした思想《しそう》ではないのです。天《てん》と地《ち》を中心《ちゅうしん》とする、とてつもない大《おお》きなみ旨《むね》を中心《ちゅうしん》とした思想《し　そう》をもって進《すす》んでいるのです。このような、み旨《むね》を中心《ちゅうしん》とした思想《しそう》が主流《しゅりゅう》なのです。

真《まこと》の愛《あい》を中心《ちゅうしん》として、父母《ふぼ》を愛《あい》することができれば、兄弟《きょうだい》も愛《あい》することができるのです。また、兄弟《きょうだい》を愛《あい》することができれば、父母《ふぼ》も愛《あい》することができるのです。そして父母《ふぼ》は、兄弟《きょうだい》を愛《あい》する者《もの》をより愛《あい》するようになるというのです。ですから父母《ふぼ》を愛《あい》することができ、その次《つぎ》に兄弟《きょうだい》を愛《あい》することができ、その次《つぎ》に親戚《しんせき》を愛《あい》することができなければなりません。皆《みな》さんには叔父《おじ》、従兄弟《いとこ》、再従兄弟《はとこ》がいるでしょう。そのような親戚《しんせき》と争《あらそ》うことなく一《ひと》つとなって、互《たが》いに愛《あい》し合《あ》わなければなりません。

その次《つぎ》には、自分《じぶん》の隣近所《となりきんじょ》の人《ひと》たちを愛《あい》さなければなりません。それがもっと大《おお》きくなると、その次《つぎ》は社会《しゃかい》が問題《もんだい》となり、その次《つぎ》は国《くに》が問題《もんだい》となり、その次《つぎ》は世界《せかい》が問題《もんだい》になるのです。そのような範囲《はんい》をだんだん広《ひろ》げていくと、それが広《ひろ》がれば広《ひろ》がるほど、愛《あい》がだんだん薄《うす》くなり、愛《あい》がなくなってしまうというのですが、それでは駄目《だめ》です。愛《あい》は広《ひろ》げていけばいくほど、より強《つよ》くならなければなりません。分《わ》かりますか、何《なん》のことか。行《い》けば行《い》くほど強《つよ》くなる愛《あい》を探《さが》し求《もと》めていく道《みち》が、神様《かみさま》に出会《であ》い、神様《かみさま》に通《つう》じる愛《あい》の道《みち》なのです。

今《いま》までは愛《あい》というと、遠《とお》くの人《ひと》はあまり関係《かんけい》がなく、近《ちか》くのお父《とう》さん、お母《かあ》さん、兄弟姉妹《きょうだいしまい》に集約《しゅうやく》されていたのです。私《わたし》の夫《おっと》であるとか、私《わたし》の妻《つま》であるとか、すべて私《わたし》を中心《ちゅうしん》とした家庭《かてい》という基地《きち》で実《み》を結《むす》んでいたのです。そこに、ぐるぐると巻《ま》きついていたのです。それが、今《いま》までの堕落《だらく》した世《よ》の中《なか》における家庭《かてい》だったのです。

ですから、統一教会《とういつきょうかい》が他《た》と違《ちが》うところは、この一点《てん》なのです。統一教会《とういつきょうかい》の教《おし》えは何《なに》かというと、お父《とう》さん、お母《かあ》さんを愛《あい》するように、兄弟姉妹《きょうだいしまい》を愛《あい》し、兄弟姉妹《きょうだいしまい》を愛《あい》するように氏族《しぞく》を愛《あい》し、さらに民族《みんぞく》を愛《あい》し、国家《こっか》を愛《あい》しなさいということです。父母《ふぼ》を捨《す》てても、国家《こっか》を愛《あい》そうというのです。ですから世界《せかい》を愛《あい》するためには、自分《じぶん》の国《くに》も捨《す》てなければならないのです。また天《てん》を愛《あい》するためには、世界《せかい》までも捨《す》てなければならないのです。より遠《とお》く、より大《おお》きなもののために、小《ちい》さな近《ちか》くのものから犠牲《ぎせい》にする愛《あい》の道《みち》を訪《たず》ねていこうというのが、統一教会《とういつきょうかい》の主流思想《しゅりゅうしそう》なのです。

ところで、その思想《しそう》はどこから来《き》たのかというと、それは文先生《ムンせんせい》の思想《しそう》ではありません。アメリカでいうところの、レバレンド・ムーンの思想《しそう》ではないのです。その思想《しそう》は本来《ほんらい》、神様《かみさま》の思想《しそう》なのです。その神様《かみさま》はどのようなお方《かた》かというと、自分《じぶん》よりも相対《そうたい》を愛《あい》するお方《かた》なのです。自分《じぶん》よりも相対《そうたい》を愛《あい》し、二人《ふたり》が一《ひと》つになって、より大《おお》きな範囲《はんい》の相対《そうたい》を愛《あい》する運動《うんどう》が、神様《かみさま》の運動《うんどう》なのです。

神様《かみさま》の思想《しそう》は、このような内容《ないよう》が本質的《ほんしつてき》になっているので、神様《かみさま》は最《もっと》も近《ちか》い人《ひと》を悪《あく》なる世《よ》に送《おく》り、世界人類《せかいじんるい》のために犠牲《ぎせい》にさせるのです。これが神様《かみさま》の思想《しそう》なのです。

それゆえ、歴史的《れきしてき》な聖人《せいじん》、賢哲《けんてつ》たちはみな、この世界《せかい》で「人類《じんるい》を愛《あい》そう」というタイトルを掲《かか》げてきたのです。そのような人々《ひとびと》は、自分《じぶん》の家庭《かてい》よりも、国家《こっか》や世界《せかい》を愛《あい》してきたのです。国家《こっか》を超《こ》えて、世界《せかい》を愛《あい》してきたのです。そして、そこで歓迎《かんげい》されたのではなく、むしろ排斥《はいせき》されて犠牲《ぎせい》になってきたのです。

ですから、そのような時代《じだい》がだんだん近《ちか》づいてくるにつれ、今《いま》まで犠牲《ぎせい》になってきた人々《ひとびと》や、その思想《しそう》を仰《あお》ぐ人々《ひとびと》を高《たか》く奉《たてまつ》るようになるのです。そのような人々《ひとびと》が、イエス・キリストのような宗教《しゅうきょう》の教祖《きょうそ》たちなのです。イエス様《さま》や、釈迦牟尼《しゃかむに》や、孔子《こうし》のような人々《ひとびと》なのです。

では、そのような人々《ひとびと》の思想《しそう》とは何《なに》かというと、それは、自分《じぶん》の家庭《かてい》だけのためのものではありません。この宇宙《うちゅう》が一《ひと》つの家庭《かてい》になるためのものであり、宇宙家庭《うちゅうかてい》を成《な》すためのものです。そこでは、それより低《ひく》い立場《たちば》にある国家《こっか》も、民族《みんぞく》も、氏族《しぞく》も、家庭《かてい》も、個人《こじん》も犠牲《ぎせい》にしなければならないのです。そこが違《ちが》うのです。（一九七八・一〇・八）

2　善《ぜん》なる人々《ひとびと》の行《い》く道《みち》

この世《よ》の愛《あい》は、すべて私《わたし》の家《いえ》、私《わたし》のお父《とう》さん、私《わたし》のお母《かあ》さんに帰結《きけつ》するのですが、神様《かみさま》の愛《あい》はそれを基盤《きばん》としてジャンプするのです。新約《しんやく》、旧約《きゅうやく》の教《おし》えの中《なか》では、大《おお》きなものを救《すく》うためには、小《ちい》さいものを祭物《さいぶつ》にしなさいということなのです。ですから、善《ぜん》なる道《みち》を行《い》こうとすれば、犠牲《ぎせい》になりなさいというのです。犠牲《ぎせい》とは何《なに》かというと、祭物《さいぶつ》になることです。血《ち》と汗《あせ》を流《なが》して、自《みずか》らを放棄《ほうき》する位置《いち》に立《た》つということです。そのことを統一《とういつ》教会《きょうかい》では、蕩減復帰《とうげんふっき》の過程《かてい》を経《へ》ずには善《ぜん》の基台《きだい》を築《きず》けないというのです。

家庭的善《かていてきぜん》の基台《きだい》を築《きず》こうとすれば、まず氏族《しぞく》の前《まえ》に家庭《かてい》が祭物《さいぶつ》にならなければなりません。そうしなければ、家庭的善《かていてきぜん》の基台《きだい》が築《きず》かれないのです。また氏族的善《しぞくてきぜん》の基台《きだい》を築《きず》こうとすれば、民族《みんぞく》の前《まえ》に氏族《しぞく》が祭物《さいぶつ》にならなければならないのです。一段階落《だんかいお》ちるのです。ですから、民族的善《みんぞくてきぜん》の基台《きだい》を築《きず》こうとすれば、国家《こっか》の前《まえ》に民族《みんぞく》が祭物《さいぶつ》になる位置《いち》に立《た》たなければならないのです。また国家的善《こっかてきぜん》の基台《きだい》を築《きず》こうとすれば、世界《せかい》の前《まえ》に国家《こっか》が蕩減復《とうげんふっ》帰《き》の条件《じょうけん》を提示《ていじ》しなければなりません。このように犠牲《ぎせい》にならなければなりません。これが、今《いま》まで堕落《だらく》した人類《じんるい》が歩《ある》いてきた道《みち》と、今日《こんにち》まで神様《かみさま》が成《な》そうとされる復帰摂理《ふっきせつり》の道《みち》の違《ちが》う点《てん》です。

ですから善良《ぜんりょう》なる学生《がくせい》とは、自分《じぶん》のために生《い》きる人《ひと》ではなく、他《た》の人《ひと》のために生《い》きる人《ひと》をいうのです。大義《たいぎ》のために、小義《しょうぎ》に立《た》つ自分《じぶん》を犠牲《ぎせい》にする人《ひと》です。大《おお》きいことのために小《ちい》さいことを犠牲《ぎせい》にする人《ひと》が善《ぜん》なる人《ひと》だというのです。ですから、その差《さ》が大《おお》きければ大《おお》きいほど、善《ぜん》の価値基準《かちきじゅん》が高《たか》くなるのです。

私《わたし》が世界《せかい》のために犠牲《ぎせい》になれば、その善《ぜん》の価値《かち》は世界的《せかいてき》な価値《かち》となるのです。そのためには、個人《こじん》を犠牲《ぎせい》にしなければならず、家庭《かてい》を犠牲《ぎせい》にしなければならず、氏族《しぞく》を犠牲《ぎせい》にしなければならず、民族《みんぞく》を犠牲《ぎせい》にしなければならず、国家《こっか》を犠牲《ぎせい》にしなければならないのです。

それで、善《ぜん》を追求《ついきゅう》しようとする人々《ひとびと》は、いつも遠《とお》い山々《やまやま》を眺《なが》めるように行《ゆ》かなければならないというのです。ですから皆《みな》さんも胸《むね》を張《は》って、目《め》を上《あ》げて未来《みらい》に向《む》かって進《すす》まなければなりません。そして、未来《みらい》に対《たい》する決意《けつい》と同《おな》じ犠牲《ぎせい》の代価《だいか》を払《はら》い得《う》る自分《じぶん》にならなければなりません。このような人々《ひとびと》が、これから善《ぜん》なる人《ひと》になれるのです。分《わ》かりますか。ですから神様《かみさま》の思想《しそう》と、今日《こんにち》の人間世界《にんげんせかい》の思想《しそう》とは全《まった》く違《ちが》うのです。

皆《みな》さんは、学校《がっこう》でもそのように生《い》きなければなりません。自分《じぶん》の主張《しゅちょう》の強《つよ》い人《ひと》は、うっかりして失敗《しっぱい》すると逆賊《ぎゃくぞく》になりやすいのです。やたらと自分《じぶん》を主張《しゅちょう》して全体《ぜんたい》を否定《ひてい》する人《ひと》は、もし誤《あやま》れば逆賊《ぎゃくぞく》になりやすいのです。もし、そのような人《ひと》が国家《こっか》の主権《しゅけん》を握《にぎ》れば独裁者《どくさいしゃ》になり、人類歴史《じんるいれきし》に大《おお》きな害《がい》を被《こうむ》らせることになるのです。

未来《みらい》に向《む》かって、きょうの成功《せいこう》よりも、あすの成功《せいこう》のために耐《た》え得《う》る人々《ひとびと》が善《ぜん》なる人《ひと》なのです。そのような人々《ひとびと》が指導者《しどうしゃ》になれば、善《ぜん》なる指導者《しどうしゃ》になり、あすのために建設《けんせつ》する人《ひと》になるのです。未開地《みかいち》のような環境《かんきょう》を開拓《かいたく》して、発展的環境《はってんてきかんきょう》として残《のこ》すことができる人《ひと》です。ですから、いつでも自分《じぶん》を中心《ちゅうしん》として生《い》きる人々《ひとびと》は、悪《あく》に近《ちか》い人《ひと》であり、公的《こうてき》な神様《かみさま》の思想《しそう》を中心《ちゅうしん》として生《い》きる人々《ひとびと》は、善《ぜん》に近《ちか》い人《ひと》なのです。

このように皆《みな》さんの友達《ともだち》も、良《よ》い友達《ともだち》と悪《わる》い友達《ともだち》に分《わ》けることができるのです。自分《じぶん》の利益《りえき》のためにしゃべり、自分《じぶん》を弁明《べんめい》する人《ひと》は、悪人《あくにん》に近《ちか》いのであり、公的《こうてき》な立場《たちば》で大義《たいぎ》のために弁明《べんめい》し、公的《こうてき》な立場《たちば》で考《かんが》える人《ひと》は、善人《ぜんにん》に近《ちか》いのです。

日常《にちじょう》の生活《せいかつ》においても、すべてがそのように分《わ》かれているのです。左側《ひだりがわ》と右側《みぎがわ》に分《わ》かれているのです。自分《じぶん》の目《め》で見《み》て、「ああ、よし」と言《い》うのも、それがどのように良《よ》いのかということが問題《もんだい》なのです。それは、私《わたし》が見《み》て「良《よ》い」と言《い》うのですが、その良《よ》いということは、「私《わたし》の家庭《かてい》から見《み》て、私《わたし》の国《くに》から見《み》て、未来《みらい》の人類《じんるい》の立場《たちば》から見《み》ても良《よ》い」という見方《みかた》と、「ああ、これは赤《あか》い色《いろ》だから、私《わたし》の好《す》きな色《いろ》だから良《よ》い」という二種類《しゅるい》の見《み》方《かた》があるのです。

ですから、話《はなし》をすることにおいても、二種類《しゅるい》があるのです。ある人《ひと》は自分《じぶん》のために弁明《べんめい》するのです。けんかして闘《たたか》う時《とき》に、もし自分《じぶん》の意志《いし》を思《おも》いのままに主張《しゅちょう》してしまうと、悪《あく》に流《なが》れていくのです。自分《じぶん》に帰着《きちゃく》して、世界《せかい》との関係《かんけい》が結《むす》べなければ悪《あく》になるのです。しかし、もし弱《よわ》い者《もの》が強《つよ》い者《もの》に何《なん》の理由《りゆう》もなく殴《なぐ》られているのを見《み》て、命《いのち》を懸《か》けて闘《たたか》う人《ひと》は、公的《こうてき》な道理《どうり》のために闘《たたか》う人《ひと》であり、善《ぜん》なる人《ひと》なのです。ですから闘《たたか》うことが、すべて悪《わる》いのではありません。分《わ》かりますか。皆《みな》さんにおいても、闘《たたか》ったからといって悪《わる》いことではありません。

戦《たたか》いにも、二《ふた》つの種類《しゅるい》があるのです。自分《じぶん》の野望《やぼう》、自分《じぶん》の目的《もくてき》、自分《じぶん》の欲望《よくぼう》を満《み》たすために他《た》の人々《ひとびと》を犠牲《ぎせい》にする戦《たたか》いは、悪《あく》なる側《がわ》の戦《たたか》いであり、神様《かみさま》と世界《せかい》と宇宙《うちゅう》を良《よ》くする目的《もくてき》のために戦《たたか》うことは、善《ぜん》なる戦《たたか》いなのです。悪《あく》なる戦《たたか》いは、先《さき》に打《う》って屈服《くっぷく》させる戦《たたか》いであり、善《ぜん》なる戦《たたか》いは、まず譲歩《じょうほ》して包容《ほうよう》しようとする戦《たたか》いなのです。そのような二種類《しゅるい》の戦《たたか》いが一生《いっしょう》において、また一日《にち》の生活《せいかつ》の中《なか》で交差《こうさ》するのです。

ですから皆《みな》さんが、年下《としした》の少年《しょうねん》たち二人《ふたり》が戦《たたか》う姿《すがた》を見《み》た時《とき》に、憤《いきどお》りを感《かん》じて、一発《ぱつ》殴《なぐ》りたくなったとしても、それを抑《おさ》えて包容《ほうよう》するような心《こころ》をもたなければなりません。きょうですべてが終《お》わるのではなく、あすは友達《ともだち》になる人《ひと》であることを知《し》り、譲歩《じょうほ》してあげれば、神様《かみさま》も、あるいは誰《だれ》であっても、どちらが善《ぜん》であるかを判断《はんだん》するのです。寛容《かんよう》で人々《ひとびと》を包容《ほうよう》する人《ひと》が、善《ぜん》なる人《ひと》であるというのです。（一九七八・一〇・八）

3　善《ぜん》なる生活《せいかつ》の実例《じつれい》

日常《にちじょう》の生活《せいかつ》においても、すべてそうなのです。勉強《べんきょう》することもそうです。「私《わたし》が勉強《べんきょう》するのは、誰々《だれだれ》に勝《か》つためだ」と言《い》いながら勉強《べんきょう》する学生《がくせい》たちもいるのです。そのような思《おも》いで勉強《べんきょう》する人《ひと》は、いつでも試験《しけん》のあとで先生《せんせい》に、「私《わたし》は何点《なんてん》ですか」と聞《き》くのですが、勉強《べんきょう》するのは試験《しけん》の点数《てんすう》が目的《もくてき》ではありません。私《わたし》が勉強《べんきょう》するのは、誰々《だれだれ》に勝《か》つためであるというより、大韓民国《だいかんみんこく》で一番《いちばん》にならなければならないということでなければなりません。このような観点《かんてん》から勉強《べんきょう》しなければなりません。

「リトル・エンジェルス学校《がっこう》で、私《わたし》が一番《いちばん》になることよりも、大韓民国《だいかんみんこく》で一番《いちばん》にならなければならない」と言《い》わなければなりません。それは、どうしてでしょうか。神様《かみさま》の栄光《えいこう》のためにでしょうか。統一教会《とういつきょうかい》の栄光《えいこう》のためにでしょうか、自分《じぶん》の先生《せんせい》の栄光《えいこう》のためにでしょうか。ただ熱心《ねっしん》に勉強《べんきょう》すれば、そこに価値《かち》があるというのですが、自分《じぶん》のために勉強《べんきょう》して百点《てん》を取《と》れば、自分《じぶん》も喜《よろこ》ぶし、お父《とう》さん、お母《かあ》さんも喜《よろこ》ぶだけです。しかし大《だい》韓民国《かんみんこく》のために、神様《かみさま》のために、全人類《ぜんじんるい》のために勉強《べんきょう》したとすれば、神様《かみさま》の名《な》において全人類《ぜんじんるい》が喜《よろこ》ぶというのです。分《わ》かりますか。このように違《ちが》うのです。

寝《ね》る時《とき》もそうです。多《おお》くの人々《ひとびと》は、「ああ、疲《つか》れたから寝《ね》なくては」と言《い》って寝《ね》るのですが、寝《ね》るのは誰《だれ》のために寝《ね》るのでしょうか。当然《とうぜん》、自分《じぶん》たちのために寝《ね》るのですが、「私《わたし》は、お父《とう》さん、お母《かあ》さんのため、大韓民国《だいかんみんこく》のために寝《ね》ます。もし私《わたし》が病気《びょうき》になれば、大変《たいへん》だからです。大韓民国《だいかんみんこく》の損害《そんがい》になり、世界《せかい》の損害《そんがい》になるからです。ですから、私《わたし》は大《だい》韓民国《かんみんこく》のために寝《ね》て、世界《せかい》のために寝《ね》て、神様《かみさま》のために寝《ね》るのです」と言《い》えば、そのような考《かんが》えはいかに素晴《すば》らしいことでしょうか。

「神様《かみさま》、私《わたし》は寝《ね》ます。私《わたし》は、あなたのためにあすも仕事《しごと》をしなくてはならないし、あなたのために熱心《ねっしん》に戦《たたか》わなければならないので寝《ね》ます。寝《ね》てもいいでしょうか」と言《い》えば、神様《かみさま》も「よし！」と言《い》われるのです。すべてがそうなのです。寝《ね》る時《とき》も、そのように善《ぜん》と悪《あく》が交差《こうさ》しているのです。ですから、休《やす》む時《とき》もそうなのです。すべてをそのように考《かんが》えれば、ありとあらゆることが善《ぜん》なる側《がわ》に収拾《しゅうしゅう》されていくのです。

例《たと》えば、皆《みな》さんがどこかへ行《い》って、水《みず》を一口《ひとくち》飲《の》むときもそうです。とてものどが渇《かわ》いて、何杯《なんばい》でも水《みず》を飲《の》みたいほどになっても、「神様《かみさま》、私《わたし》はあなたの代身《だいしん》としてこの水《みず》を飲《の》みます」と言《い》って飲《の》むのです。そうするとそれは、自分《じぶん》がのどが渇《かわ》いて飲《の》んでも、神様《かみさま》の代身《だいしん》として飲《の》んだことになるのです。

皆《みな》さんのような少 年少 女《しょうねんしょうじょ》たちが、水《みず》を飲《の》むときに、「ああ、水《みず》、水《みず》、水《みず》、水《みず》」と言《い》いながら互《たが》いに争《あらそ》うよりも、「神様《かみさま》の代身《だいしん》として水《みず》を飲《の》む人《ひと》は、もう少《すこ》し待《ま》ってあげるべきだ」と言《い》って、「その代《か》わり、私《わたし》はたくさん飲《の》みますよ」と飲《の》み干《ほ》せば、それは天地《てんち》のために飲《の》んだことになるのです。

また、歌《うた》を歌《うた》うことにおいてもそうです。天《てん》を褒《ほ》めたたえ、自然《しぜん》を褒《ほ》めたたえ、大韓民《だいかんみん》国《くに》を褒《ほ》めたたえるという思《おも》いをもって歌《うた》えば、その歌声《うたごえ》に三千里半島《りはんとう》が耳《みみ》を澄《す》ませるのです。三千里半島《りはんとう》がどうして耳《みみ》を澄《す》ませるのかというと、この宇宙《うちゅう》は、電波《でんぱ》や、言葉《ことば》でいっぱいに満《み》たされているからです。そうでしょう。電波《でんぱ》や言葉《ことば》がいっぱいになっているとい

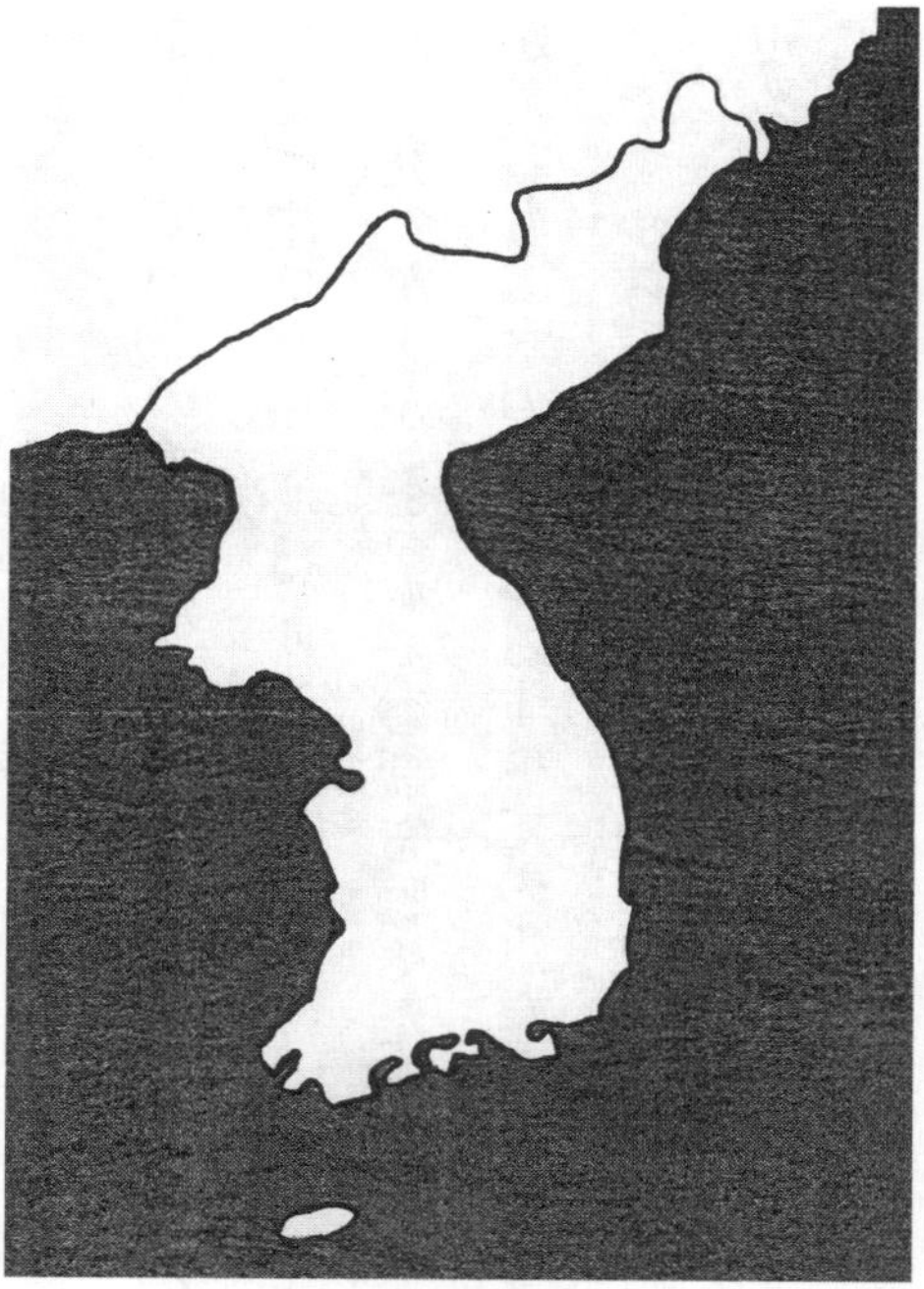

韓半島

うのです。一度《ど》ラジオを聴《き》いてみてください。逃《に》げ出《だ》せないほどに幾重《いくえ》にも、言葉《ことば》で取《と》り囲《かこ》まれているのです。

それと同《おな》じように、皆《みな》さんは山鳴《やまな》りを知《し》っているでしょう? 山鳴《やまな》りは、「ウー、ウー、ウー」と鳴《な》るでしょう。とても素晴《すば》らしい山鳴《やまな》りなのですが、それをすべて聞《き》き、語《かた》ってあげるのです。どうして山鳴《やまな》りが生《しょう》じるのかというと、それは簡単《かんたん》なことです。空気《くうき》の波動《はどう》により、既《すで》に行《ゆ》く道《みち》がなくなってふさがってしまうので、反射《はんしゃ》して逆戻《ぎゃくもど》りしながら、山鳴《やまな》りとなって聞《き》こえてくるのです。それは、物理《ぶつり》的現象《てきげんしょう》ですが、その内的《ないてき》な意義《いぎ》はどこにあるのかということをもう一度《ど》考《かんが》えてみてください。山《やま》がささやき、自然《しぜん》がささやき、岩《いわ》がささやいているのです。それは、どんなに神《しん》秘的《ぴてき》なことでしょうか。

皆《みな》さん、いろいろな虫《むし》や、せみの声《こえ》をじっと聴《き》いてみてください。「ジー、ジー、ジー、ジー、ジー」と鳴《な》くのですが、音律《おんりつ》が高《たか》くなったり低《ひく》くなったりして調和《ちょうわ》をとっているのです。また、風《かぜ》が吹《ふ》く時《とき》も、その音《おと》をよく聴《き》いてみてください。風《かぜ》が「ヒュー、ヒュー」と吹《ふ》くときは、低《ひく》く聞《き》こえてくるのです。そうですね？　そのような考《かんが》えをもったことはないでしょう？

こおろぎが鳴《な》くときもそうです。明《あか》るい昼間《ひるま》に鳴《な》くときと、夕方《ゆうがた》に鳴《な》くときと、夜《よる》に鳴《な》くときと、すべて鳴《な》き方《かた》が違《ちが》うのです。よく聴《き》いてみてください。すべてに調和《ちょうわ》することを知《し》っているのです。宇宙《うちゅう》は、そのような調和《ちょうわ》の音律《おんりつ》の中《なか》で戯《たわむ》れながら生《い》きているのです。その中《なか》で、中心《ちゅうしん》は誰《だれ》かというと、人間《にんげん》なのです。分《わ》かりますか。女性《じょせい》たちが歌《うた》を歌《うた》うと、庭《にわ》のがまがえるもその歌《うた》を聴《き》くために、そっと出《で》てくるのです。そしてふくろうも、かえるも、水《みず》の中《なか》にいるすべての魚《さかな》たちも、その歌《うた》を聴《き》こうとして出《で》てくるのです。

ですから、皆《みな》さんも音楽《おんがく》の練習《れんしゅう》をする時《とき》には、そのような考《かんが》えをもたなければなりません。「ああ、私《わたし》の歌声《うたごえ》があの山《やま》を越《こ》えていくだろう」というように考《かんが》えるのです。「あの山《やま》の向《む》こうまで届《とど》かないといけないので、もう少《すこ》し大《おお》きく歌《うた》ってみよう」と言《い》って、「ああ！」と歌《うた》ってごらんなさい。

遠《とお》い山々《やまやま》を眺《なが》めながら、あの山《やま》の向《む》こうに何《なに》があるだろうかと考《かんが》え、「友達《ともだち》がいて、私《わたし》の一番愛《いちばんあい》する人《ひと》がいて」と思《おも》いながら、心《こころ》を集中《しゅうちゅう》すれば霊界《れいかい》を通《つう》じて、霊肉《れいにく》が合《あ》わさってそれが見《み》えるようになるのです。霊界《れいかい》まで動員《どういん》されるのです。ですから、この宇宙《うちゅう》と関《かん》係《けい》を結《むす》んで善《ぜん》の生活《せいかつ》をすれば、あらゆるものが協助《きょうじょ》してくるようになるのです。（一九七八・一〇・八）

4　率直《そっちょく》な人《ひと》は発展《はってん》する

悪《あく》とは、自分《じぶん》を主張《しゅちょう》することです。神様《かみさま》も、世界《せかい》もすべてを自分《じぶん》に帰一《きいつ》させようとして、踏《ふ》み消《け》そうとすることが悪《あく》なることなのです。これがサタンです。反対《はんたい》に善《ぜん》とは、私《わたし》自身《じしん》でこの宇宙《うちゅう》をすべて解放《かいほう》しようとすることです。宇宙《うちゅう》を踏《ふ》み消《け》そうとすることではありません。宇宙《うちゅう》を解放《かいほう》して、最高《さいこう》に良《よ》くしようとすることです。ですから、それは易《やさ》しいことではありません。

皆《みな》さんは、けんかしたことがありますか。皆《みな》さんの中《なか》でけんかをしたことのある人《ひと》は手《て》を挙《あ》げてみなさい。したことがありますか、ありませんか。他《た》の人《ひと》を見《み》たのは、どういう意味《いみ》ですか。自分《じぶん》の良心《りょうしん》に尋《たず》ねてみればいいのです。首《くび》をかしげているその女《おんな》の子《こ》は大変《たいへん》独特《どくとく》な性格《せいかく》です。けんかをしましたか、しませんでしたか。（しました）。そうでしょう、したでしょう。このように聞《き》いて、初《はじ》めて「しました」と言《い》うのですか。そのように弱々《よわよわ》しく答《こた》えるのは、サタン的《てき》な悪《あく》なる側《がわ》の答《こた》えです。大《おお》きな声《こえ》で答《こた》えるのが、善《ぜん》なる側《がわ》の答《こた》えなのです。

皆《みな》さんは、悪《あく》なる側《がわ》の答《こた》えをしましたか、善《ぜん》なる側《がわ》の答《こた》えをしましたか。（善《ぜん》なる側《がわ》です）。どうですか。男性《だんせい》たちも答《こた》えてください。悪《あく》なる側《がわ》の答《こた》えをしましたか、善《ぜん》なる側《がわ》の答《こた》えをしましたか。悪《あく》なる側《がわ》でしょう。不利《ふり》なので、自己中心的《じこちゅうしんてき》に「ウー」と小《ちい》さい声《こえ》で答《こた》えるのは悪《あく》なる側《がわ》です。

人間《にんげん》は、率直《そっちょく》でなければなりません。率直《そっちょく》なことは、あらゆる世界《せかい》に通《つう》じるのです。率直《そっちょく》なことは、どのようなことにも通《つう》じるのです。もし自分《じぶん》が誤《あやま》ったとすれば、率直《そっちょく》に「誤《あやま》った」と言《い》えば、そこから発展《はってん》するのです。善《ぜん》であっても、そのような過程《かてい》を経《へ》なければ発展《はってん》することはできません。人間《にんげん》は、いつでもうまくいくとは限《かぎ》りません。誤《あやま》ることもあるのです。それで発展《はってん》できるのです。

私《わたし》たちが過《あやま》ちを犯《おか》しても発展《はってん》できるのは、そこで率直《そっちょく》に告白《こくはく》して、悔《く》い改《あらた》めることができるからです。分《わ》かりますか。過《あやま》ちは悪《わる》いことではありません。もし誤《あやま》ったならば、そこから新《あたら》しい刺激《しげき》を受《う》けてジャンプしなければなりません。刺激《しげき》を受《う》けて善《ぜん》なる方《ほう》に飛躍《ひやく》できれば、誤《あやま》ったことも良《よ》いことになるのです。ですから勉強《べんきょう》ができずに落第《らくだい》をしたとしても、落第《らくだい》することによって優等生《ゆうとうせい》にもなれるというのです。

「この人《ひと》はクラスの中《なか》で一番《ばん》になれずに、なぜ落第《らくだい》してこのように台無《だいな》しになったのだろう」と言《い》うのですが、落第《らくだい》することによって、それが刺激《しげき》になり、全《まった》く違《ちが》う方向《ほうこう》へ飛躍《ひやく》すれば、かえって落第《らくだい》したことが善《ぜん》なる道《みち》に行《ゆ》くチャンスになるのです。何《なん》のことか分《わ》かりますか。直線《ちょくせん》で行《い》くのは大変《たいへん》なことです。このように、最善《さいぜん》を尽《つ》くさなければなりません。

ですから、人間《にんげん》は率直《そっちょく》でなければなりません。隠《かく》そうとする人《ひと》は発展《はってん》できないのです。率直《そっちょく》な人《ひと》は発展《はってん》します。この宇宙《うちゅう》が押《お》してくれるので発展《はってん》するのです。どこへ行《い》っても宇宙《うちゅう》が押《お》してくれるのです。東洋《とうよう》でも、西洋《せいよう》でも、過去《かこ》、現在《げんざい》、未来《みらい》においても、率直《そっちょく》な人《ひと》はみな友達《ともだち》になれるのです。どうして隠《かく》そうとするのですか。自分《じぶん》を弁明《べんめい》しようとして、自分《じぶん》が目立《めだ》とうとすれば発展《はってん》もできないし、友達《ともだち》もいないのです。

皆《みな》さんに今《いま》、一番必要《いちばんひつよう》なこととは何《なに》かというと、率直《そっちょく》な考《かんが》えをもつことです。そこで私《わたし》が一歩《ぽ》踏《ふ》み出《だ》せば、善《ぜん》と悪《あく》が決定《けってい》するのです。何《なに》が悪《わる》いか、何《なに》が良《よ》いかが決定《けってい》するのです。

十歩《ぽ》行《い》けば、善《ぜん》の垣《かき》がだんだんと重《かさ》なり合《あ》って十重《とえ》になるのです。一度《ど》流《なが》れてしまうと、二重《じゅう》、三重《じゅう》に埋《う》め合《あ》わせても、取《と》り返《かえ》しがつかないのです。永遠《えいえん》に流《なが》れていってしまうのです。ですから、そのような道《みち》を行《い》きそうになるときには、指導《しどう》する先生《せんせい》が必要《ひつよう》なのです。「これでは駄目《だめ》だ！」と言《い》って、気合《きあい》を入《い》れてくれる先生《せんせい》が必要《ひつよう》なのです。皆《みな》さんが気合《きあい》を入《い》れられることは、悪《わる》いことではないのです。

気合《きあい》を入《い》れられて、「先生《せんせい》め、今《いま》に見《み》ていろ。今夜《こんや》、路地《ろじ》で会《あ》おうものなら容赦《ようしゃ》しないぞ！」と言《い》う人《ひと》は滅《ほろ》びる人《ひと》です。「先生《せんせい》、待《ま》ってください。十年後《ねんご》に会《あ》いましょう。その時《とき》には、私《わたし》が先生《せんせい》に教《おし》えてあげられるようになります。先生《せんせい》は私《わたし》から学《まな》ぶ人《ひと》になるでしょう」と言《い》えれば、気合《きあい》を入《い》れられたことが良《よ》いことになるのです。

勉強《べんきょう》ができないと気合《きあい》を入《い》れられて、人《ひと》として扱《あつか》われず、悔《くや》しくて胸《むね》がふさがる時《とき》、その憤《いきどお》る心《こころ》を善《ぜん》なる方《ほう》に向《む》けると、先生《せんせい》から気合《きあい》を入《い》れられたことが、金《きん》メダルをもらったことよりも、より高価《こうか》な記念《きねん》となるのです。このように考《かんが》える心《こころ》が皆《みな》さんには必要《ひつよう》なのです。（一九七八・一〇・八）

5　立派《りっぱ》だという基準《きじゅん》の段階《だんかい》とその道《みち》

学生《がくせい》の本分《ほんぶん》とは何《なん》ですか。（勉強《べんきょう》することです）。そうです。勉強《べんきょう》がよくできないといけないのです。それでは、勉強《べんきょう》する目的《もくてき》は何《なん》ですか。（立派《りっぱ》な人《ひと》になることです）。立派《りっぱ》な人《ひと》になることですね。

それでは、立派《りっぱ》だという基準《きじゅん》とは何《なん》でしょうか。一番目《ばんめ》に、自分《じぶん》の家庭《かてい》で立派《りっぱ》であり、二番目《ばんめ》に国《くに》で立派《りっぱ》であり、三番目《ばんめ》に世界《せかい》で立派《りっぱ》であり、四番目《ばんめ》に神様《かみさま》に「立派《りっぱ》だ」と言《い》われることです。必《かなら》ず三段階《だんかい》あるというのです。分《わ》かりますか。私《わたし》たちは、必《かなら》ずその道《みち》を行《い》かなければなりません。

家庭《かてい》を中心《ちゅうしん》として見《み》たとき、皆《みな》さんが父母《ふぼ》の前《まえ》に親孝行《おやこうこう》することは、子女《しじょ》としての大切《たいせつ》な責任《せきにん》なのです。なぜ孝行《こうこう》しなければならないのかというと、孝行《こうこう》の道《みち》は、国家《こっか》に対《たい》する忠臣《ちゅうしん》の道《みち》と連結《れんけつ》するからです。竹《たけ》の節《ふし》のように連結《れんけつ》するのです。国《くに》に忠誠《ちゅうせい》を尽《つ》くす人《ひと》はどのように生《い》きなければならないかというと、世界《せかい》に対《たい》しては、聖人《せいじん》の道《みち》を行《い》かなければならないのです。

それでは、どのように生《い》きなければならないのでしょうか。それは、一直線《ちょくせん》に生《い》きなければならないのです。このように見《み》たとき、たとえ孝行《こうこう》ができなくても、国家《こっか》に対《たい》して忠臣《ちゅうしん》になったならば、その両親《りょうしん》は、「お前《まえ》は私《わたし》に孝行《こうこう》しなかった」とは言《い》えないのです。「お前《まえ》は本当《ほんとう》によくやったね」と言《い》うのです。父母《ふぼ》を捨《す》てて、家《いえ》を捨《す》てて親不孝《おやふこう》をしたとしても、国家《こっか》の忠臣《ちゅうしん》になった時《とき》には、たとえ父母《ふぼ》は死《し》んで霊界《れいかい》に行《い》ったとしても、「やあ、お前《まえ》、本当《ほんとう》によくやったね」と称賛《しょうさん》するのです。（一九七八・一〇・九）

6　人間最高《にんげんさいこう》の完成《かんせい》の標語《ひょうご》

それでは、人類《じんるい》の行《い》く道《みち》の中《なか》で、一番早《いちばんはや》い道《みち》は、どんな道《みち》でしょうか。一生《いっしょう》というものは、短《みじか》いものです。皆《みな》さんも、自分《じぶん》がいつ死《し》ぬか分《わ》からないでしょう？　「ああ、私《わたし》は十七歳《さい》になったので、随分生《ずいぶんい》きてきたな」という言葉《ことば》は、人間《にんげん》はいつ死《し》ぬか分《わ》からないということなのですね。既《すで》に、皆《みな》さんはたくさん生《い》きてきたでしょう？　十七歳《さい》といえば、十七日《にち》よりも多《おお》いでしょう。一年《ねん》七カ月《げつ》よりも多《おお》いでしょう。人間《にんげん》はいつ死《し》ぬか分《わ》からないのですね。いつ死《し》ぬか分《わ》からない短《みじか》い人生《じんせい》において、私《わたし》たちは思《おも》いもよらない多《おお》くの課《か》題《だい》を背負《せお》っていかなければならないのです。そのような課題《かだい》が残《のこ》っているということを、考《かんが》えなければなりません。ですから、神様《かみさま》は人間《にんげん》に対《たい》して、この課題《かだい》をはっきりと提示《ていじ》しなければならないという結果《けっか》になるのです。ゆえに神様《かみさま》は、「誰《だれ》よりも私《わたし》をもっと愛《あい》しなさい」と言《い》ったのです。

それで宗教《しゅうきょう》の道《みち》は、自分《じぶん》の父母《ふぼ》を捨《す》てて、家庭《かてい》を捨《す》てて、国《くに》を捨《す》てて、世界《せかい》をすべて捨《す》てても、神様《かみさま》の前《まえ》に真《まこと》の愛《あい》をつかんで出《で》ていくのです。ですから一時《いっとき》は、すべてのことが破壊《はかい》されるようになるのですが、それがすべてを一瞬《いっしゅん》に完成《かんせい》できる道《みち》なので、歴史《れきし》もそのような道《みち》を擁護《ようご》して出発《しゅっぱつ》したのであり、世界《せかい》もそのように勝利《しょうり》した人《ひと》を褒《ほ》めたたえるようになり、国《くに》もそのような人《ひと》を褒《ほ》めたたえるようになり、家庭《かてい》もそのような人《ひと》を褒《ほ》めたたえるようになるというのです。ですから、「神様《かみさま》を誰《だれ》よりも愛《あい》しなさい」というその言葉《ことば》は、最高《さいこう》の完成《かんせい》への標語《ひょうご》であるという結論《けつろん》になるのです。

それゆえ宗教《しゅうきょう》では、「誰《だれ》よりも神様《かみさま》を愛《あい》しなさい」というのです。イエス様《さま》は神様《かみさま》の愛《あい》をもった息子《むすこ》なので、誰《だれ》よりもイエス様《さま》を愛《あい》すれば、神様《かみさま》と一《ひと》つになるのです。ですから、「親《おや》よりも、妻子《さいし》よりも、誰《だれ》よりも私《わたし》を愛《あい》さなければ、私《わたし》の弟子《でし》にはなれない」と言《い》われたイエス様《さま》の言葉《ことば》も、そういう意味《いみ》があるのです。

このような観点《かんてん》から見《み》た時《とき》、神様《かみさま》は短《みじか》い生涯《しょうがい》を生《い》きていく人間《にんげん》の前《まえ》に、一番素晴《いちばんすば》らしい標語《ひょうご》と課題《かだい》を付与《ふよ》するために、「誰《だれ》よりも神様《かみさま》を愛《あい》しなさい」ということを主張《しゅちょう》してこられたのです。そうすることによって、誰《だれ》でも神様《かみさま》の息子《むすこ》になることができるのです。神様《かみさま》の息子《むす》になった時《とき》は、聖人完成《せいじんかんせい》はもちろん、忠臣完成《ちゅうしんかんせい》も、孝子完成《こうしかんせい》も可能《かのう》になるのです。一遍《いっぺん》にすべてのことが完成《かんせい》されるのです。このようになれば、家庭的基盤《かていてききばん》でも勝利《しょうり》した位置《いち》に立《た》つのであり、国家的基盤《こっかてききばん》でも勝利《しょうり》した位置《いち》に立《た》つのであり、世界的基盤《せかいてききばん》でも勝利《しょうり》した位置《いち》に立《た》つのです。

7　真《まこと》なる孝子《こうし》、忠臣《ちゅうしん》、聖人《せいじん》、聖子《せいし》の道《みち》

皆《みな》さんは、これからどのような人《ひと》にならなければならないのかというと、忠臣《ちゅうしん》にならなければなりません。忠臣《ちゅうしん》とは、どのような人《ひと》でしょうか。王様《おうさま》のために精誠《せいせい》を尽《つ》くす人《ひと》が忠臣《ちゅうしん》でしょうか。違《ちが》います。王様《おうさま》のために生《い》きるとともに、国民《こくみん》のために生《い》きる人《ひと》が忠臣《ちゅうしん》であることを知《し》らなければなりません。では、孝子《こうし》とは、どのような人《ひと》でしょうか。父母《ふぼ》のためだけに精誠《せいせい》を尽《つ》くす人《ひと》ではありません。父母《ふぼ》のために生《い》きるように、兄弟《きょうだい》のためにも精誠《せいせい》を尽《つ》くす人《ひと》が孝子《こうし》なのです。

その次《つぎ》に、聖人《せいじん》とは、どのような人《ひと》でしょうか。歴史的《れきしてき》な聖人《せいじん》とは、世界人類《せかいじんるい》のために今《いま》まで犠牲《ぎせい》になって死《し》んでいった人《ひと》です。そして神《かみ》の息子《むすこ》、聖子《せいし》とは、神様《かみさま》を中心《ちゅうしん》とし

て、世界《せかい》のために生《い》きようとした人《ひと》です。世界《せかい》の人々《ひとびと》に対《たい》して、神様《かみさま》に対《たい》するように生《い》きる人《ひと》が聖子《せいし》なのです。聖子《せいし》は、聖人《せいじん》とは違《ちが》うのです。

私《わたし》は、聖子《せいし》の道《みち》を行《い》こうとするのです。先生《せんせい》は、神様《かみさま》を愛《あい》することは当然《とうぜん》であり、同《おな》じように人類《じんるい》も愛《あい》するのです。怨讐《おんしゅう》であるアメリカまでも愛《あい》するのです。分《わ》かりますか。そうすれば、神様《かみさま》が見《み》た時《とき》、「私《わたし》の息子《むすこ》である」と言《い》うことができるのです。どこかの国《くに》の息子《むすこ》ではありません。大韓民国《だいかんみんこく》で生《う》まれても、大韓民国《だいかんみんこく》の息子《むすこ》ではありません。神様《かみさま》が「私《わたし》の息子《むすこ》である」と言《い》える人《ひと》は、神様《かみさま》のために生《い》きるように、人類《じんるい》のために生《い》きる人《ひと》なのです。そのような人《ひと》が神様《かみさま》の息子《むすこ》なのです。神様《かみさま》は御自分《ごじぶん》を忘《わす》れて人類《じんるい》のために生《い》きていらっしゃる方《かた》なので、私《わたし》たちも自分《じぶん》を忘《わす》れて人類《じんるい》のために生《い》きれば、真《まこと》なる孝子《こうし》になるのです。分《わ》かりますか。そのような定義《ていぎ》を正確《せいかく》に知《し》らなければなりません。私《わたし》たちは、孝《こう》子《し》の道《みち》から忠臣《ちゅうしん》の道《みち》、聖子《せいし》の道《みち》を探《さが》し求《もと》めていくのです。聖人《せいじん》の道《みち》を探《さが》していくのではありません。

ですから、皆《みな》さんの家庭《かてい》の中《なか》で、国《くに》の忠臣《ちゅうしん》の立場《たちば》に立《た》つとすれば、忠臣《ちゅうしん》であると君主《くんしゅ》から指名《しめい》される人《ひと》とはどのような人《ひと》かというと、君主《くんしゅ》のために生《い》き、国民全体《こくみんぜんたい》のために生《い》きる人《ひと》なのです。そのようになると、奸臣《かんしん》は既《すで》に伝統《でんとう》が違《ちが》うのです。自分《じぶん》のために生《い》きる人《ひと》は、奸臣《かんしん》なのです。逆賊《ぎゃくぞく》なのです。環境《かんきょう》がその人《ひと》を容赦《ようしゃ》しないのです。

そのような内容《ないよう》を中心《ちゅうしん》とした孝子《こうし》の道理《どうり》を立《た》て、忠臣《ちゅうしん》の道理《どうり》を立《た》て、聖子《せいし》の道理《どうり》を立《た》てていけば、その国《くに》が地上天国《ちじょうてんごく》となり、このような国《くに》で生《い》きた人《ひと》がそっくりそのまま天上天国《てんじょうてんごく》に行《ゆ》くのです。そのように移行《いこう》していくことが神様《かみさま》の創造理想《そうぞうりそう》だったのです。

（一九八四・七・一七）

【第《だい》二章《しょう》】子女《しじょ》の責任分担《せきにんぶんたん》

第《だい》一節《せつ》　準備《じゅんび》と基盤《きばん》、実力《じつりょく》と実績《じっせき》

1　準備《じゅんび》は歴史《れきし》の要請《ようせい》

皆《みな》さんが知《し》らなければならないことは、人間《にんげん》は現在《げんざい》だけを生《い》きているのではないということです。過去《かこ》の先祖《せんぞ》の時代《じだい》からずっと生《い》きてきたのであり、今《いま》も生《い》きていて、これからも生《い》きていかなければならないのです。そして、過去《かこ》も現在《げんざい》も未来《みらい》も、いつでも競争《きょうそう》しているのです。また、必《かなら》ず相対《そうたい》がいるのです。オリンピック大会《たいかい》で、もしチャンピオンになろうとすれば、チャンピオンシップに対《たい》し、必《かなら》ず挑戦《ちょうせん》しようとするのです。これは仕《し》方《かた》のないことです。歴史過程《れきしかてい》において、より高《たか》い次元《じげん》に発展《はってん》するために、それは不可避的《ふかひてき》な現象《げんしょう》なのです。

ですから、いつでも挑戦《ちょうせん》を受《う》けなければならず、その挑戦《ちょうせん》を克服《こくふく》できる過程《かてい》を経《へ》なければなりません。そうでなければ、より高《たか》い発展《はってん》した世界《せかい》に前進《ぜんしん》できないということが、

歴史観《れきしかん》においても、社会生活《しゃかいせいかつ》においても、発展《はってん》の天理《てんり》であり、原則《げんそく》であるということを知《し》らなければなりません。

　今《いま》まで先生《せんせい》は、とてつもなく大《おお》きなみ旨《むね》を抱《いだ》いて戦《たたか》ってきたのですが、今《いま》は世界的基盤《せかいてききばん》がある程度築《ていどきず》かれてきたのです。その過程《かてい》において、先生《せんせい》が一番心配《いちばんしんぱい》することとは何《なに》かというと、準備《じゅんび》のない人《ひと》、基盤《きばん》のない人《ひと》、よりどころのない人《ひと》のことなのです。このような人《ひと》ほど悲惨《ひさん》な人《ひと》はいないのです。

　例《たと》えば軍隊《ぐんたい》でいうと、軍隊《ぐんたい》のあらゆる装備《そうび》であるとか、軍事訓練《ぐんじくんれん》であるとか、軍《ぐん》の要件《ようけん》に必要《ひつよう》なすべての環境《かんきょう》、あるいは補給的環境《ほきゅうてきかんきょう》、縦横《じゅうおう》に動《うご》ける環境《かんきょう》の与件《よけん》を連結《れんけつ》させ得《う》る基盤《きばん》のないことが一番悲惨《いちばんひさん》なことなのです。基盤《きばん》がないことと、その次《つぎ》には準備《じゅんび》ができていないこと、これほど悲惨《ひさん》なことはありません。

いかに実力《じつりょく》があったとしても、その実力《じつりょく》を中心《ちゅうしん》として、自分《じぶん》が対社会環境《たいしゃかいかんきょう》に挑戦《ちょうせん》して克服《こくふく》するためには、長《なが》い期間《きかん》の準備《じゅんび》が必要《ひつよう》なのです。必《かなら》ず準備《じゅんび》が必要《ひつよう》なのです。その準備過程《じゅんびかてい》を経《へ》ずしては、絶対《ぜったい》に基盤《きばん》というものは出《で》てこないのです。

今日《こんにち》、統一教会《とういつきょうかい》がこれほどの基盤《きばん》を築《きず》くことができたのは、天《てん》の摂理《せつり》から見《み》た時《とき》に、既《すで》に準備《じゅんび》ができていたからなのです。それでは、旧約時代《きゅうやくじだい》を立《た》てて成《な》してきたこととは何《なに》かというと、メシヤのための準備《じゅんび》をしたことです。そして新約時代《しんやくじだい》は、再臨主《さいりんしゅ》を迎《むか》えるための準備《じゅんび》をしたのです。

ですから、再臨主《さいりんしゅ》を準備《じゅんび》しておいて、新《あたら》しい次元《じげん》に発展《はってん》させることのできる基台《きだい》を形成《けいせい》していかなければなりません。準備《じゅんび》したところから、すべての時代《じだい》の環境《かんきょう》を整理《せいり》して、新《あたら》しい次元《じげん》に発展《はってん》させて、新《あたら》しい基盤《きばん》を形成《けいせい》しなければならないのです。

この新《あたら》しい基盤《きばん》が、古《ふる》い基盤《きばん》よりも勝《まさ》らなければ、旧時代《きゅうじだい》の歴史《れきし》は新《あたら》しい時代《じだい》に移《うつ》らないのです。これが、歴史的《れきしてき》な天理《てんり》なのです。このことは、皆《みな》さんの個人生活《こじんせいかつ》においても適《てき》用《よう》されることであり、社会生活《しゃかいせいかつ》、また、国家《こっか》の行《い》く道《みち》や歴史《れきし》の行《い》く道《みち》にも同様《どうよう》に適用《てきよう》されるのです。人間《にんげん》の一生《いっしょう》を考《かんが》えてみた時《とき》に、人間《にんげん》は一生《いっしょう》をどのように生《い》きるべきなのか、その準備《じゅんび》をしなければならないのです。（一九八四・七・一九）

2 新《あたら》しい基盤《きばん》を築《きず》くためには準備《じゅんび》が必要《ひつよう》である

皆《みな》さん、青少年時代《せいしょうねんじだい》について考《かんが》えてみましょう。少年時代《しょうねんじだい》から青年《せいねん》までの期間《きかん》に皆《みな》さんは勉強《べんきょう》しますが、勉強《べんきょう》とは何《なん》でしょうか。それは準備《じゅんび》をすることなのです。今日《こんにち》の社《しゃ》会基盤《かいきばん》の上《うえ》に、新《あたら》しい基盤《きばん》として立《た》ち得《う》るように準備《じゅんび》をすることなのです。

その準備《じゅんび》した内容《ないよう》は、新《あたら》しい環境《かんきょう》の中《なか》で築《きず》かれた歴史的伝統基盤《れきしてきでんとうきばん》となるのですが、それが現在《げんざい》の基盤《きばん》よりも劣《おと》る時《とき》には、既成圏内《きせいけんない》に包括《ほうかつ》されてしまうのです。消化《しょうか》されてしまうのです。既成時代圏《きせいじだいけん》を克服《こくふく》できないということです。すべてが既成圏内《きせいけんない》の基盤《きばん》の中《なか》で消化《しょうか》されてしまい、新《あたら》しい歴史発展《れきしはってん》の基盤《きばん》にはなり得《え》ないというのが理論的結論《りろんてきけつろん》なのです。

このように考《かんが》えた時《とき》、青少年時代《せいしょうねんじだい》には夢《ゆめ》をもって、現在《げんざい》の国家全体《こっかぜんたい》、大韓民国《だいかんみんこく》三千里《り》全体《ぜんたい》を眺《なが》めなければなりません。そこには経済分野《けいざいぶんや》、政治分野《せいじぶんや》、文化分野《ぶんかぶんや》、教育分野《きょういくぶんや》、宗教分野《しゅうきょうぶんや》などの全般的《ぜんぱんてき》な基準《きじゅん》が入《はい》っているのです。この全般的《ぜんぱんてき》な基準《きじゅん》を眺《なが》める時《とき》、その基盤《きばん》を乗《の》り越《こ》えるには、その基盤《きばん》を乗《の》り越《こ》え得《う》る準備《じゅんび》が必要《ひつよう》だというのです。

今日《こんにち》の世界《せかい》を見《み》ると、民主世界《みんしゅせかい》と共産世界《きょうさんせかい》とがあります。大韓民国自体《だいかんみんこくじたい》を見《み》ても、民主《みんしゅ》と共産両世界《きょうさんりょうせかい》の中《なか》でうめく、旧時代《きゅうじだい》の基盤《きばん》の上《うえ》にいるのです。そこで、どのように跳躍《ちょうやく》をすればいいのでしょうか。これは誰《だれ》でも願《ねが》うことですが、これを解決《かいけつ》することは大変難《たいへんむずか》しいのです。

それは、ある個人《こじん》だけではできないのです。国家全体《こっかぜんたい》がそれをしなければ、不可能《ふかのう》なことなのです。国家全体《こっかぜんたい》がそれを解決《かいけつ》するためには、まず精神的統一《せいしんてきとういつ》が必要《ひつよう》なのです。ですから、国家政策《こっかせいさく》を立《た》てて強調《きょうちょう》することも、あるいは、経済問題《けいざいもんだい》に対《たい》する見解《けんかい》を発表《はっぴょう》することも、選挙《せんきょ》の時《とき》に、「自分《じぶん》はこのようにしよう」というすべての発表《はっぴょう》も、ある一《ひと》つの分野《ぶんや》において新《あたら》しい次元《じげん》に行《ゆ》くための、準備《じゅんび》してきた内容《ないよう》を発表《はっぴょう》することにすぎないのです。このように考《かんが》える時《とき》、このことは、どこの社会《しゃかい》でも適用《てきよう》されることなのです。

皆《みな》さんは成功《せいこう》したいですか。成功《せいこう》は誰《だれ》でもしたいのです。では成功《せいこう》するためには、どのように生《い》きなければならないのでしょうか。それには、まず成功《せいこう》するための準備《じゅんび》をしなければなりません。その次《つぎ》に、何《なに》をしなければならないのかというと、旧時代《きゅうじだい》の基盤《きばん》の上《うえ》に新《あたら》しい基準《きじゅん》を築《きず》くために、準備《じゅんび》してきた内容《ないよう》を中心《ちゅうしん》として、その基盤《きばん》を必《かなら》ず消化《しょうか》できなければなりません。古《ふる》い基盤《きばん》を乗《の》り越《こ》えることができなければなりません。それを成《な》さなければ、歴史的《れきしてき》な新《あたら》しい基盤《きばん》が立《た》たないということが宿命的結論《しゅくめいてきけつろん》なのです。それをはっきりと知《し》らなければなりません。これは私《わたし》たちの一生《いっしょう》や、私《わたし》たちの国家《こっか》が行《い》く道《みち》においても当《あ》てはまることなのです。

例《たと》えば、軍隊《ぐんたい》でも徹底的《てっていてき》に訓練《くんれん》をしますが、その訓練《くんれん》はなぜするのかというと、敵《てき》が強力《きょうりょく》なことを想定《そうてい》して、その敵《てき》の環境《かんきょう》を吸収《きゅうしゅう》し、しのぐことのできる軍隊《ぐんたい》をつくらなければならないからです。ですから、情報《じょうほう》であるとか、敵国《てきこく》の歴史《れきし》などすべてのことを知《し》って、現在《げんざい》の敵《てき》の環境基盤《かんきょうきばん》を吸収《きゅうしゅう》して、克服《こくふく》できる自《みずか》らの力《ちから》をもたなければならないのです。そうするためには、力《ちから》の投入《とうにゅう》が必要《ひつよう》なのです。そのような力《ちから》をもたなければならないという事実《じじつ》は、すべてのことに関《かん》する内容《ないよう》であることを知《し》らなければなりません。（一九八四・七・一九）

3 勝利《しょうり》の三《みっ》つの要件《ようけん》

統一教会《とういつきょうかい》は、今何《いまなに》をしているのでしょうか。いつも困難《こんなん》に直面《ちょくめん》して迫害《はくがい》を受《う》けているのですが、その迫害《はくがい》の中《なか》にあっても未来《みらい》のために準備《じゅんび》しているのです。常《つね》に成長《せいちょう》しているということです。盲目的《もうもくてき》ではないのです。いつも準備《じゅんび》をしなければなりません。徹頭徹《てっとうてつ》尾《び》、準備《じゅんび》しなければなりません。

では、どのような準備《じゅんび》をしなければならないのでしょうか。まず思想的《しそうてき》な準備《じゅんび》をしなければなりません。精神力《せいしんりょく》において、他《た》の人々《ひとびと》に対《たい》して負《ま》けては駄目《だめ》です。絶対《ぜったい》に負《ま》けてはなりません。その次《つぎ》に、努力《どりょく》においても、アメリカの歴史《れきし》を支《ささ》えてきた人々《ひとびと》と比較《ひかく》して、劣《おと》っては駄目《だめ》です。そのように努力《どりょく》し、準備《じゅんび》しなければなりません。その次《つぎ》は何《なに》かというと、行動《こうどう》、闘争的準備《とうそうてきじゅんび》をしなければなりません。ですから、まず徹底《てってい》した思想《しそう》をもたなければなりません。その次《つぎ》には、努力《どりょく》をしなければなりません。たとえ思想《しそう》をもったとしても、じっとしていては駄目《だめ》です。そのように準備《じゅんび》された事実《じじつ》の上《うえ》に、無限《むげん》に努力《どりょく》しなければなりません。努力《どりょく》をするとしても、自分個人《じぶんこじん》を中心《ちゅうしん》として努力《どりょく》するのではありません。この基盤《きばん》を乗《の》り越《こ》えることのできる母体《ぼたい》、主体性《しゅたいせい》を備《そな》えるためには、無限《むげん》に闘争《とうそう》をしなければなりません。

今日《こんにち》、既成世代《きせいせだい》の基盤《きばん》となっているすべてのものは、新《あたら》しい体制《たいせい》を歓迎《かんげい》するようにはなっていないのです。歴史《れきし》は必《かなら》ず、闘争過程《とうそうかてい》を経《へ》なければならないのです。闘争過程《とうそうかてい》の中《なか》で滅《ほろ》びたり栄《さか》えたりするものなのです。では、どのような者《もの》が滅《ほろ》びるのでしょうか。吸収《きゅうしゅう》される者《もの》、消化《しょうか》される者《もの》、弱《よわ》い者《もの》が滅《ほろ》びるのです。これが鉄則《てっそく》なのです。これには、誰《だれ》も異議《いぎ》がありません。ですから、滅《ほろ》びないようにしようとすれば、相手《あいて》を消化《しょうか》しなければならず、吸収《きゅうしゅう》しなければなりません。そうでなければ、生《い》き残《のこ》ることはできません。敗者《はいしゃ》としての悲《かな》しく苦《にが》い杯《さかずき》を飲《の》まざるを得《え》ないのです。

このような問題《もんだい》を中心《ちゅうしん》として見《み》た時《とき》、今日先生《こんにちせんせい》が当面《とうめん》する問題《もんだい》が、これから世界的《せかいてき》な波動《はどう》で押《お》し寄《よ》せてくるのです。レバレンド・ムーン一人《ひとり》を中心《ちゅうしん》として、アメリカを代表《だいひょう》とする自由世界《じゆうせかい》はもちろん、四十億人類《おくじんるい》が総攻撃《そうこうげき》をしてくるのです。

それでは、レバレンド・ムーンが準備《じゅんび》することとは何《なん》でしょうか。これが問題《もんだい》です。思《し》想的《そうてき》な面《めん》では、千年《ねん》、万年《まんねん》、受難《じゅなん》の道《みち》を経《へ》ても克服《こくふく》できる自信《じしん》をもっているのです。どんな因縁《いんねん》も、自信《じしん》をもって突破《とっぱ》していく努力《どりょく》をするのです。目的達成《もくてきたっせい》のためには、どのような犠牲《ぎせい》の代価《だいか》を払《はら》っても行《い》くという努力《どりょく》が必要《ひつよう》です。その努力《どりょく》は、誰《だれ》かに消化《しょうか》されてしまうような努力《どりょく》ではなく、すべてのものを消化《しょうか》し得《う》る努力《どりょく》なのです。その次《つぎ》は実践《じっせん》です。実践《じっせん》するに当《あ》たっては、私《わたし》たち宗教指導者《しゅうきょうしどうしゃ》は闘争《とうそう》することができないので、言葉《ことば》なく、ただ努力《どりょく》して実践《じっせん》するのです。彼《かれ》らが八時間実践《じかんじっせん》すれば、私《わたし》たちは昼夜《ちゅうや》、二十四時間実践《じかんじっせん》するのです。これが私《わたし》たちの実践力《じっせんりょく》です。

四百年《ねん》の歴史《れきし》を一日《にち》八時間努力《じかんどりょく》して、現代文明《げんだいぶんめい》を創建《そうけん》したとすれば、もし私《わたし》が三倍努力《ばいどりょく》するならば四百年《ねん》の文明《ぶんめい》は百三十三年間《ねんかん》で同《おな》じ立場《たちば》に立《た》ち、肩《かた》を並《なら》べることができるというのです。また、その倍《ばい》の努力《どりょく》をする時《とき》には、七十年《ねん》あればよいのです。それは理論的《りろんてき》なのですね。しかし、準備《じゅんび》のできない人《ひと》は流《なが》れていくのです。ですから、私《わたし》が皆《みな》さんを呼《よ》んで教育《きょういく》する内容《ないよう》は、準備《じゅんび》しなさいということです。

皆《みな》さんは、準備《じゅんび》をして、残《のこ》された環境基盤《かんきょうきばん》を吸収《きゅうしゅう》しなければなりません。そのためには、初《はじ》めに何《なに》がなければならないのでしょうか。(思想《しそう》です)。徹底《てってい》した思想《しそう》です。まず徹《てっ》底《てい》した思想《しそう》をもたなければなりません。そのような思想《しそう》をもってぶつかれば、相手《あいて》が壊《こわ》れるというのです。そして時間《じかん》を置《お》いてみようというのです。相手《あいて》が後退《こうたい》するのです。その次《つぎ》は何《なん》ですか。（努力《どりょく》です）。努力《どりょく》しなければなりません。その次《つぎ》に、何《なん》ですか。（行動《こうどう》です）。行動《こうどう》は、いかに早《はや》くやってのけるかということです。統一教 会《とういつきょうかい》が他《た》と違《ちが》う点《てん》は、このなのです。先生《せんせい》はこのような観《かん》をもって指導《しどう》してきたのです。また、私自身《わたしじしん》がそのような観《かん》をもって生《い》きてきたのです。（一九八四・七・一九）

4　世界的《せかいてき》な指導者《しどうしゃ》になるには

皆《みな》さんは学校《がっこう》へ行《い》っても、友達《ともだち》と交《まじ》わりながら勉 強《べんきょう》することにおいて、友達《ともだち》を消化《しょうか》し、乗《の》り越《こ》えることができなければなりません。友達《ともだち》に対《たい》して頭《あたま》を下《さ》げて、その友達《ともだち》に消化《しょうか》されたら負《ま》けです。皆《みな》さんは、学校《がっこう》の先生《せんせい》まで乗《の》り越《こ》えなければなりません。

では、先生《せんせい》を乗《の》り越《こ》えるにはどうしたらよいでしょうか。それは先生《せんせい》が教《おし》える以上《いじょう》に勉《べん》強《きょう》して、質問《しつもん》することです。そうすれば学校《がっこう》にとっても、先生《せんせい》にとっても、必要《ひつよう》な人《ひと》になります。そうなっているのです。万事《ばんじ》がそうなっていることを、よく知《し》らなければなりません。

皆《みな》さんが、どのように準備《じゅんび》するかによって、今後《こんご》、どのような人《ひと》になるのかが決定《けってい》されるのです。皆《みな》さんの一生《いっしょう》で築《きず》く既成基盤《きせいきばん》において、何《なに》を残《のこ》していけるのか、中心的人格《ちゅうしんてきじんかく》が決定《けってい》されるということを知《し》らなければなりません。

私《わたし》たちは、相手《あいて》に吸収《きゅうしゅう》されてはなりません。私《わたし》たちが相手《あいて》を吸収《きゅうしゅう》しなければなりません。そうなれば、今日《こんにち》の既成基盤《きせいきばん》の上《うえ》にいる人《ひと》たちが、「ああ、私《わたし》たちは後退《こうたい》する」と言《い》いながら、ストップするのです。後退《こうたい》した位置《いち》から、私《わたし》たちを吸収《きゅうしゅう》しようとする人《ひと》はいないのです。

宇宙《うちゅう》の運動《うんどう》をつかさどるすべての元素《げんそ》や、自然《しぜん》を構成《こうせい》する世界《せかい》が、より大《おお》きな世界《せかい》へと発展《はってん》できれば、継続的《けいぞくてき》に作用《さよう》するようになるのです。後退《こうたい》して退化《たいか》すれば、すべてストップするのです。自然現象《しぜんげんしょう》がそうなっているのです。人間《にんげん》も同《おな》じです。

旧形態《きゅうけいたい》と新形態《しんけいたい》、旧基盤《きゅうきばん》と新基盤《しんきばん》を考《かんが》えてみたとき、飛躍《ひやく》する時《とき》にその差異《さい》がどれだけ大《おお》きいかによって、どんな冒険《ぼうけん》も克服《こくふく》でき、どんな困難《こんなん》も克服《こくふく》できるのです。何《なん》のことか分《わ》かりますか。既成基盤《きせいきばん》から新《あたら》しい基盤《きばん》に越《こ》えていこうとする時《とき》に、どんな困難《こんなん》があっても、その困難《こんなん》よりも何倍《なんばい》も大《おお》きい飛躍《ひやく》があれば、その困難《こんなん》は自然《しぜん》と消化《しょうか》されるのです。心配《しんぱい》する必要《ひつよう》はないのです。

このようなことを知《し》っているので、先生《せんせい》は韓国《かんこく》や日本《にっぽん》などから、世界的《せかいてき》に若者《わかもの》たちを集《あつ》めて訓練《くんれん》するのです。多《おお》くの人々《ひとびと》の指導者《しどうしゃ》になろうとすれば、経済分野《けいざいぶんや》においても自立《じりつ》しながら、責任《せきにん》をもって主管《しゅかん》できる能力《のうりょく》がなくてはなりません。それがない人《ひと》は、指導者《しどうしゃ》にはなれません。

その次《つぎ》に何《なに》かというと、説得力《せっとくりょく》です。指導者《しどうしゃ》は説得力《せっとくりょく》がなければなりません。説得《せっとく》しようとすれば、相手《あいて》をよく知《し》らなければなりません。共産主義思想《きょうさんしゅぎしそう》をもっている人《ひと》を説得《せっとく》しようとすれば、共産主義《きょうさんしゅぎ》について知《し》らなければならず、神学者《しんがくしゃ》を説得《せっとく》しようとすれば、神学《しんがく》について知《し》らなければなりません。つまらない枝葉《えだは》のことより、根本《こんぽん》を知《し》らなければなりません。

ですから、いつも根本《こんぽん》が問題《もんだい》なのです。枝葉《えだは》ではないのです。それを知《し》らなければなりません。勉強《べんきょう》をするのも、枝葉《えだは》だけではなく、根本問題《こんぽんもんだい》を深《ふか》く掘《ほ》り下《さ》げて勉強《べんきょう》するのです。

哲学《てつがく》の根本問題《こんぽんもんだい》である神様《かみさま》がいるのか、いないのかという問題《もんだい》や、人間関係《にんげんかんけい》、生命関係《せいめいかんけい》、永生関係《えいせいかんけい》を中心《ちゅうしん》とする根本問題《こんぽんもんだい》の、その確実《かくじつ》な定義《ていぎ》を求《もと》めて勉強《べんきょう》しなければなりません。

次《つぎ》に、統一教会《とういつきょうかい》の思想《しそう》をもった人《ひと》たちはみな、既成社会《きせいしゃかい》に出《で》て迫害《はくがい》を受《う》けるのです。それは何《なに》かというと、試験《しけん》なのです。私《わたし》が相手《あいて》を吸収《きゅうしゅう》するのか、相手《あいて》に吸収《きゅうしゅう》されるのかという問題《もんだい》、また、消化《しょうか》するのか消化《しょうか》されるのかという問題《もんだい》、前進《ぜんしん》するのか後退《こうたい》するのかという問題《もんだい》を中心《ちゅうしん》に試験《しけん》してみるのです。皆《みな》さんは、これを知《し》らなければなりません。

皆《みな》さんも、これから世界的《せかいてき》な指導者《しどうしゃ》になろうとすれば、世《よ》の中《なか》をよく知《し》らなければなりません。アメリカを指導《しどう》しようとすれば、アメリカをよく知《し》らなければなりません。韓国《かんこく》を指導《しどう》しようとすれば、韓国《かんこく》のすべてをよく知《し》らなければならないのです。（一九八四・七・一九）

5 準備《じゅんび》と実力《じつりょく》を通《とお》して基盤《きばん》と実績《じっせき》を立《た》てる

今《いま》こそ、飛躍《ひやく》できる時《とき》なのです。このことをサタンはよく知《し》っているのです。怨讐《おんしゅう》たちは、よく知《し》っているのです。サタンは一番難《いちばんむずか》しい時《とき》、攻勢《こうせい》に出《で》てくるのです。しかし、そこで屈服《くっぷく》してしまってはならないのです。このことを、よく知《し》らなければなりません。

先生《せんせい》は、そのような思想《しそう》をもっているので、何《なん》の本《ほん》を読《よ》んでも、その後編《こうへん》まですぐに分《わ》かるのです。昔《むかし》、小学校《しょうがっこう》五、六年生《ねんせい》の時《とき》、日本語《にっぽんご》の国語《こくご》の本《ほん》を一遍《いっぺん》に二巻《かん》ずつ読《よ》み終《お》えたのです。一巻《かん》が百八十ページの本《ほん》を一晩《ひとばん》ですべて暗記《あんき》してしまったのです。人間《にんげん》とはそのように素晴《すば》らしいものなのです。十年《ねん》かかることも、一年《ねん》でできるのです。

皆《みな》さんに今《いま》、先生《せんせい》を思《おも》う心《こころ》があれば、先生《せんせい》のように努力《どりょく》しなければなりません。準備《じゅんび》するのです。実践時代《じっせんじだい》に備《そな》えて準備《じゅんび》をするのです。軍事訓練《ぐんじくんれん》は、実戦《じっせん》の舞台《ぶたい》で敗者《はいしゃ》とならないために行《おこな》うのです。それと全《まった》く同《おな》じことです。このような道理《どうり》は、皆《みな》さんの生涯《しょうがい》において必要《ひつよう》なことなのです。それをはっきりと知《し》らなければなりません。

皆《みな》さんは、どんな人《ひと》になるのですか。芸術《げいじゅつ》だけ学《まな》び、ピアノだけ上手《じょうず》であればいいのでしょうか。すべてを包囲《ほうい》できる基盤《きばん》を築《きず》かなければなりません。そのためには、経済支《けいざいし》援《えん》をする人《ひと》もいなければならず、また、環境的与件《かんきょうてききょけん》をもっていなければ滅《ほろ》びてしまうのです。それで、統一教会《とういつきょうかい》の人々《ひとびと》はどんなに悪口《わるぐち》を言《い》われながらも、経済的基盤《けいざいてききばん》、環境的《かんきょうてき》基盤《きばん》を築《きず》いてきたのです。国《くに》を包《つつ》んで、世界《せかい》を包《つつ》むために、このような準備《じゅんび》をしているのです。そして、内部《ないぶ》が弱化《じゃっか》した時《とき》は、外部《がいぶ》を強化《きょうか》して、外部《がいぶ》が弱化《じゃっか》した時《とき》は、内部《ないぶ》を強化《きょうか》して平均化《へいきんか》させるというような作戦《さくせん》をしてきたのです。それが、すべてに的中《てきちゅう》してきたのです。

皆《みな》さんの行《い》く道《みち》は忙《いそが》しいのです。皆《みな》さんは、実践時代《じっせんじだい》に備《そな》えて準備《じゅんび》が忙《いそが》しいことを知《し》り、少《すこ》しでも先生《せんせい》のことを思《おも》うならば、「先生《せんせい》の行《い》かれる道《みち》を、私《わたし》たちが早《はや》く引《ひ》き継《つ》いで、新《あたら》しい世界《せかい》の基盤《きばん》を拡大《かくだい》する者《もの》になろう」と、ひたすら準備《じゅんび》しなければならないのです。頼《たの》みますよ。

初《はじ》めは何《なん》でしたか。(準備《じゅんび》です)。その次《つぎ》は?　(基盤《きばん》です)。皆《みな》さん、基盤《きばん》がありますか。いつでそれを、いつつくるのですか。もし、皆《みな》さんに大学《だいがく》を任《まか》せたならばどうしますか。いつでもそのように考《かんが》えていなければなりません。もし大学《だいがく》を任《まか》せられたならば、皆《みな》さんはどうしますか。そのような観《かん》をもたなければなりません。ですから、準備《じゅんび》をしなさいというのです。

アメリカの大統領《だいとうりょう》を見《み》た時《とき》に、「大統領《だいとうりょう》にできないことは私《わたし》がする」というようでなければです。

ばならないのです。ですから、実力《じつりょく》が必要《ひつよう》なのです。実力《じつりょく》を備《そな》えなければなりません。また、実力《じつりょく》がいくらあったとしても、努力《どりょく》しなければ駄目《だめ》なのです。また努力《どりょく》をいくらしたとしても、基盤《きばん》をつくらなければ流《なが》れていくのです。努力《どりょく》して、どうするのですか。社会基盤《しゃかいきばん》や世界基盤《せかいきばん》をつくらなければ流《なが》れていくのです。私《わたし》たちは一生涯《いっしょうがい》仕事《しごと》をしていくのです。先生《せんせい》はそのように思《おも》うのです。私《わたし》たちが努力《どりょく》することは、大韓民国《だいかんみんこく》と世界《せかい》にとって必要《ひつよう》な基盤《きばん》を拡大《かくだい》するためです。ですから、準備《じゅんび》をしなければならず、基盤《きばん》が必要《ひつよう》なので、実力《じつりょく》をもたなければならないのです。そして、実力《じつりょく》がある人《ひと》は実績《じっせき》をもたなければなりません。実績《じっせき》が基盤《きばん》になるのです。

それでは、実力《じつりょく》とは何《なん》でしょうか。準備時代《じゅんびじだい》を経《へ》て、実力《じつりょく》をもたなければなりません。分《わ》かりますか。準備《じゅんび》し基盤《きばん》を整《ととの》えて、その次《つぎ》に実力《じつりょく》と実績《じっせき》を確実《かくじつ》に築《きず》くのです。いくら実績《じっせき》があっても、実力《じつりょく》がなければ駄目《だめ》であり、実力《じつりょく》があっても実績《じっせき》がなければ駄目《だめ》なのです。準備《じゅんび》と何《なん》ですか。（基盤《きばん》です）。その次《つぎ》に実力《じつりょく》と？　（実績《じっせき》です）。そのような基盤《きばん》が貴《とうと》く、実績《じっせき》が貴《とうと》いのです。（一九八四・七・一九）

6　歴史《れきし》に忘《わす》れ去《さ》ることのできない誇《ほこ》り

先生《せんせい》がこれから一《ひと》つの話《はなし》をします。先生《せんせい》は学生《がくせい》のころ、自炊《じすい》をしていました。ちょうど皆《みな》さんの年《とし》ごろにです。故郷《こきょう》を離《はな》れて、ソウルで学生《がくせい》として勉強《べんきょう》をしていた時《とき》、一番初《いちばんはじ》めの休《やす》みの時《とき》には、とても故郷《こきょう》が懐《なつ》かしくなるのです。分《わ》かりますか。故郷《こきょう》が懐《なつ》かしくて、休《やす》みになれば、飛《と》んで帰《かえ》りたいのです。しかし、先生《せんせい》は故郷《こきょう》には帰《かえ》りませんでした。一人《ひとり》で自炊《じすい》をしながら、何《なに》をしていたのでしょうか。他《た》の人々《ひとびと》は故郷《こきょう》に帰《かえ》ったけれども、私《わたし》は実践時代《じっせんじだい》の準備《じゅんび》をするために忙《いそが》しかったのです。

また、おばさんたちが準備《じゅんび》してくれる御飯《ごはん》も私《わたし》は食《た》べませんでした。なぜかというと、私《わたし》の行《い》く道《みち》においては、女性《じょせい》なしに一人《ひとり》で生《い》きていかなければならないことを知《し》っていたからです。ですから、私《わたし》にできないことは何《なに》もないのです。服《ふく》も作《つく》れるし、帽子《ぼうし》も作《つく》れるし、できないことは何《なに》もありません。男《おとこ》が一度決心《どけっしん》して、それを実践《じっせん》に移《うつ》す時《とき》は、独《ひと》り暮《ぐ》らしをしながらも、すべてできなければならないのです。

私《わたし》が天地《てんち》の前《まえ》に決意《けつい》をして、もしも死《し》んだとすれば、あとで神様《かみさま》が「お前《まえ》は死《し》んでしまったが、何《なん》でもできる男《おとこ》だった。最後《さいご》まではできなかったが、お前《まえ》はよくやった」という言葉《ことば》を聞《き》くためです。何《なん》のことか分《わ》かりますか。

勉強《べんきょう》しながら自炊《じすい》をしていた時《とき》、ソウルはとても寒《さむ》かったのです。また、零下《れいか》一七度《ど》や二二度《ど》というように上《あ》がり下《さ》がりしていた時《とき》でした。井戸《いど》から水《みず》をくもうとして、つるべを取《と》ると、ブリキのつるべが手《て》にぴったりとくっついたのです。また、夜《よる》は火《ひ》をたかない部屋《へや》で寝《ね》るのです。部屋《へや》は小《ちい》さなオンドル部屋《べや》でした。そこに、ねんねこ（注《ちゅう》：赤《あか》ん坊《ぼう》を背負《せお》った時《とき》、上《うえ》からおおうようにして着《き》る、綿入《わたい》れのはんてん）があったのですが、そのねんねこの模様《もよう》が一夜《や》にして体《からだ》に判《はん》を押《お》したようについたのです。

また、勉強《べんきょう》をしていて、あまりにも寒《さむ》いので電球《でんきゅう》を入《い》れて寝《ね》たら、皮膚《ひふ》が軟《やわ》らかくなって傷《きず》になったのです。これらのことを私《わたし》は、いつまでも忘《わす》れられません。一生涯《いっしょうがい》、そのことは忘《わす》れないでしょう。

そしてまた、監獄生活《かんごくせいかつ》をした特別《とくべつ》な期間《きかん》を私《わたし》は忘《わす》れることができません。それは、誰《だれ》にも話《はな》すことはないでしょう。しかし、いつもそのことを考《かんが》えるのです。忘《わす》れることができないのです。自分《じぶん》が勝利者《しょうりしゃ》となった時《とき》、そのような条件《じょうけん》で神様《かみさま》の前《まえ》に誇《ほこ》ることができ、そのような条件《じょうけん》で祈祷《きとう》したことや約束《やくそく》が、今日《こんにち》成《な》し遂《と》げられることを願《ねが》いながら、誰《だれ》にも話《はな》さないのです。そのような世界《せかい》を知《し》らなければなりません。ですから、ここに来《き》た人々《ひとびと》がみな家《いえ》に帰《かえ》ったあとでも、先生《せんせい》にはまだ成《な》すべきこと、準備《じゅんび》すべきことがたくさんあるのです。私《わたし》の行《い》く道《みち》は忙《いそが》しいのです。一生《いっしょう》をそのように生《い》きてきたのです。

そのようにして、皆《みな》さんのお父《とう》さんやお母《かあ》さんを祝福《しゅくふく》してあげたのです。八道江山《どうこうざん》（韓半島《かんはんとう》を意味《いみ》する）の皆《みな》さんのお父《とう》さんやお母《かあ》さんを集《あつ》めて面倒《めんどう》を見《み》て、おじいさん、おばあさんが泣《な》きわめきながら反対《はんたい》する中《なか》で、すべての結婚式《けっこんしき》をしてあげたのです。祝福家庭《しゅくふくかてい》としてつくり上《あ》げたその内容《ないよう》と、その背後《はいご》の歴史《れきし》は、どれほど悲惨《ひさん》だったことでしょうか。皆《みな》さんには分《わ》からないのです。

このような負債《ふさい》は、本当《ほんとう》に有《あ》り難《がた》い天《てん》の恩賜《おんし》なのです。このことを摂理史《せつりし》から見《み》た時《とき》、神様《かみさま》が今《いま》まで韓国《かんこく》の民《たみ》を訪《たず》ねてこられた民族的《みんぞくてき》な福《ふく》を、すべて私《わたし》たちに任《まか》せられたのです。それだけでなく世界的《せかいてき》な福《ふく》の基盤《きばん》として、世界《せかい》に分《わ》けてあげるための福《ふく》であったことを知《し》らなければなりません。ですから皆《みな》さんが世界《せかい》を考《かんが》え、民族《みんぞく》を考《かんが》えることは当然《とうぜん》なことなのです。分《わ》かりますか。そのような歴史《れきし》が必要《ひつよう》なのです。そうなれば、それを子供《こども》たちに遺言《ゆいごん》できるのです。(一九八四・七・一九)

7　歴史《れきし》に残《のこ》るものは実績《じっせき》と基盤《きばん》である

歴史《れきし》に残《のこ》るものとは何《なに》かというと、実力《じつりょく》が残《のこ》るのではなく実績《じっせき》が残《のこ》るのです。準備《じゅんび》が残《のこ》るのではなく基盤《きばん》が残《のこ》るのです。分《わ》かりますか。これは、すべてに適用《てきよう》されることなのです。よく考《かんが》えてください。学校《がっこう》へ行《い》っても、どこへ行《い》っても同《おな》じです。

ですから、話《はなし》をする時《とき》は、ただ単《たん》に話《はな》してはいけません。実績《じっせき》を話《はな》すのです。私《わたし》たちが講義《こうぎ》をするようになった時《とき》は、慟哭《どうこく》(注《ちゅう》:声《こえ》を出《だ》して泣《な》き悲《かな》しむこと)しながら感動《かんどう》を与《あた》えなければなりません。先生《せんせい》は、草創期《そうそうき》には激《はげ》しい迫害《はくがい》の渦中《かちゅう》であっても、血《ち》と汗《あせ》を流《なが》しながら説教《せっきょう》をしました。そのように、のどが裂《さ》けるぐらい説教《せっきょう》をして、集《あつ》めた人々《ひとびと》に感動《かんどう》を与《あた》えなければなりません。

きのうよりも、きょうの迫害《はくがい》に疲《つか》れ果《は》ててしまったとしても、これから行《い》かなければならない道《みち》が残《のこ》っているので、力《ちから》を投入《とうにゅう》しなければなりません。力《ちから》を投入《とうにゅう》して消耗戦《しょうもうせん》をしなければならないのです。ですから私《わたし》は、ありったけの力《ちから》をすべて注《そそ》ぐのです。分《わ》かりますか。そうして、引《ひ》っ張《ぱ》ってくるのです。なぜかというと、実績《じっせき》を残《のこ》さなければならないからです。私《わたし》が今《いま》、冒険《ぼうけん》の道《みち》を行《い》くことも、監獄《かんごく》を訪《たず》ねていくことも、何《なん》のためかというと、実績《じっせき》を残《のこ》すためなのです。そのような望《のぞ》みをもって行《い》くので、神様《かみさま》が間違《まちが》いなく導《みちび》いてくださるのです。

今《いま》までの先生《せんせい》の生涯《しょうがい》の生活哲学《せいかつてつがく》を通《とお》して得《え》た結論《けつろん》として、そのことが信《しん》じる以上《いじょう》に分《わ》かるのです。これから展開《てんかい》されることが分《わ》かるのです。例《たと》えば監獄《かんごく》へ行《い》った時《とき》、その囚人《しゅうじん》たちと同《おな》じ立場《たちば》の人間《にんげん》としてどのように対《たい》したらよいかということも、ちゃんと分《わ》かるのです。そこで、どのような人《ひと》と会《あ》うのかもみな分《わ》かるのです。

このままでは世界《せかい》が死《し》んでしまうというので、互《たが》いに議論《ぎろん》して生《い》かす道《みち》が生《う》まれることもあるし、私《わたし》がそこに行《ゆ》くことによって、新《あたら》しい世界的基盤《せかいてききばん》を築《きず》くことのできる運動《うんどう》が起《お》こるかもしれません。そのように、もっと大《おお》きな運動《うんどう》が起《お》こることは、間違《まちが》いないという夢《ゆめ》をもって行《い》くのです。分《わ》かりますか。試練《しれん》を怖《こわ》がらないで、すべてを消化《しょうか》する度胸《どきょう》をもち、

「自分《じぶん》が行《い》くことにより、善《ぜん》を残《のこ》していこう」と言《い》いつつ歩《あゆ》む人《ひと》は、絶対《ぜったい》に失敗者《しっぱいしゃ》にはなりません。たとえ死《し》んでも、失敗者《しっぱいしゃ》ではありません。このことをはっきりと知《し》らなければなりません。(一九八四・七・一九)

8　愛《あい》の子女《しじょ》として準備《じゅんび》しなさい

まず準備《じゅんび》が必要《ひつよう》であり、基盤《きばん》が必要《ひつよう》であり、次《つぎ》に何《なん》ですか。(実力《じつりょく》と実績《じっせき》です)。実力《じつりょく》と実績《じっせき》が必要《ひつよう》であることを忘《わす》れないでください。これらを、四位基台《よんいきだい》として考《かんが》えればいいのです。四位基台《よんいきだい》です。

そのような準備《じゅんび》をするべきですか、しないほうがいいですか。(するべきです)。「何《なん》だ、ちょっと遊《あそ》んでしまえ。夏《なつ》になれば、他《た》の人々《ひとびと》はバケーションに行《ゆ》くのだから、僕《ぼく》たちも遊《あそ》ぶべきだ」と言《い》うのではなく、「僕《ぼく》たちは休暇《きゅうか》なんているものか。行《い》くべき道《みち》に忙《いそが》しいんだ」と言《い》って打《う》ち消《け》してしまうのです。それは良《よ》いことですか、良《よ》くないことですか。(良《よ》いことです)。皆《みな》さんは休《やす》みになれば、「ああうれしい。先生《せんせい》から解放《かいほう》された」などと言《い》いながら、東《ひがし》に西《にし》に飛《と》び回《まわ》るのですか、穴《あな》を掘《ほ》り、その中《なか》に入《はい》って準備《じゅんび》をするのですか。(準備《じゅんび》をします)。

皆《みな》さんの時代《じだい》は、汗《あせ》を流《なが》しながら、一年《ねん》、十年《ねん》と準備《じゅんび》をしなければなりません。先生《せんせい》のような人《ひと》は、百年《ねん》の準備《じゅんび》をしなければならないのです。機会《きかい》を逃《のが》すことはできないのです。ですから、神様《かみさま》は仕方《しかた》なく、皆《みな》さんに対《たい》して期待《きたい》をもたざるを得《え》ないのです。それで、私《わたし》がこの貴重《きちょう》な時間《じかん》に話《はなし》をするのです。

きょうは一日《ついたち》、重要《じゅうよう》な会議《かいぎ》の日《ひ》なのに、「会議《かいぎ》をしないで、なぜ祝福家庭《しゅくふくかてい》二世《せい》たちを連《つ》れてきて、このような話《はなし》をするのですか」と言《い》うのですが、これは原理的《げんりてき》なのです。皆《みな》さんを優先《ゆうせん》することが原理的《げんりてき》なのです。

先生《せんせい》の代身者《だいしんしゃ》として、愛《あい》を受《う》ける子女《しじょ》として、準備《じゅんび》をしなければなりません。何《なに》を願《ねが》い、何《なに》を考《かん》えるかによって、他《た》の人々《ひとびと》と質《しつ》も違《ちが》い、量《りょう》も違《ちが》うのです。私《わたし》たちがこの世《よ》の人々《ひとびと》に対《たい》して消化《しょうか》されるのではありません。それでは、「友達《ともだち》がいなくなります」と言《い》うのですが、自然《しぜん》がすべて友達《ともだち》なのです。太陽《たいよう》が私《わたし》の友達《ともだち》であり、月《つき》が私《わたし》の友達《ともだち》であり、星《ほし》が私《わたし》の友達《ともだち》なのです。星《ほし》を見《み》て話《はなし》をし、月《つき》を見《み》て話《はなし》をし、木《き》を見《み》て話《はなし》をし、飛《と》んでいく鳥《とり》を見《み》て話《はなし》をするのです。「私《わたし》もお前《まえ》たちのように準備《じゅんび》をしなくてはならない。お前《まえ》は一年間《ねんかん》準備《じゅんび》して、渡《わた》り鳥《どり》となって大洋《たいよう》を越《こ》え、季節《きせつ》を越《こ》え、国境《こっきょう》を越《こ》えて来《き》たのだね。やー、偉《えら》いなあ。私《わたし》も準備《じゅんび》して、どこへでも行《い》くぞ！」と言《い》いながら、準備《じゅんび》を急《いそ》がなければならないのです。（一九八四・七・一九）

第二節《だいにせつ》　勉強《べんきょう》しながら祈《いの》りなさい

1　指導者《しどうしゃ》になるには勉強《べんきょう》しなければならない

皆《みな》さんは勉強《べんきょう》しなければなりません。勉強《べんきょう》して良《よ》い学校《がっこう》に行《ゆ》くのは何《なん》のためかというと、良《よ》い学校《がっこう》には国家《こっか》を動《うご》かし得《う》る優《すぐ》れた教授《きょうじゅ》たちが集《あつ》まっているからです。良《よ》い学校《がっこう》は長《なが》い歴史《れきし》をもっているので、いろいろな機関《きかん》にも同窓生《どうそうせい》がたくさんいるのです。その基《き》盤《ばん》を中心《ちゅうしん》として、国家《こっか》の最高機関《さいこうきかん》とも連絡《れんらく》できるし、社会《しゃかい》において、どんな分野《ぶんや》に行《い》っても同窓生《どうそうせい》がいるので、様々《さまざま》な関係《かんけい》を結《むす》べるのです。それが必要《ひつよう》なのです。

学校《がっこう》を卒業《そつぎょう》したからといって、学校《がっこう》で習《なら》ったことがいつまでも頭《あたま》の中《なか》に入《はい》っているでしょうか。勉強《べんきょう》は私自身《わたしじしん》がするものなのです。学校《がっこう》だけではないのです。そこでの風土《ふうど》、環境《かんきょう》を習得《しゅうとく》するということが必要《ひつよう》なのです。そして、専門分野《せんもんぶんや》の術語《じゅつご》を理解《りかい》できなくてはなりません。そのようになれば、今後《こんご》、より高《たか》い次元《じげん》のことをすべて行《おこな》うことができるようになるのです。また、参考材料《さんこうざいりょう》と参考書《さんこうしょ》を探《さが》す能力《のうりょく》もなければなりません。勉強《べんきょう》は、(社会《しゃかい》に)出《で》ていってからもしなければなりません。直接勉強《ちょくせつべんきょう》をすることが生《い》きた勉強《べんきょう》になるのです。

ですから、大学《だいがく》を出《で》たからといって、すべてが分《わ》かるのではありません。むしろ、高等《こうとう》学校《がっこう》を卒業《そつぎょう》しただけで社会《しゃかい》に出《で》ても、その分野《ぶんや》で三年《ねん》、四年《ねん》、五年《ねん》と活動《かつどう》した人《ひと》のほうが、実務《じつむ》においてより先《さき》に立《た》つのです。しかし、彼《かれ》らは、初《はじ》めは先《さき》に立《た》っているのですが、大学《だいがく》を出《で》た人《ひと》は覚《おぼ》えが速《はや》いので、簡単《かんたん》に追《お》いつくことができるのです。さっ、さっ、さっ、と速《はや》くやれるようになるのです。

なぜ勉強《べんきょう》をしなければならないのかというと、あらゆることにおいて、簡単《かんたん》にできるようになるためです。勉強《べんきょう》をしていなければ、頭《あたま》の回転《かいてん》が良《よ》くないのです。ここに一《ひと》つの線《せん》を引《ひ》いたとしても、そこから全体《ぜんたい》の円形《えんけい》を描《えが》くことができないのです。ですから勉《べん》強《きょう》することが大切《たいせつ》なのです。皆《みな》さんは、勉強《べんきょう》しなければならないのです。(一九八二・一〇・二〇)

2　決心《けっしん》して努力《どりょく》すること

孝進《ヒョヂン》がよく友達《ともだち》のことを話《はな》すのです。「昔《むかし》、彼《かれ》は勉強《べんきょう》がよくできていたのに、韓国《かんこく》へ帰《かえ》ってきてみると、韓国語《かんこくご》もよく分《わ》からないので、成績《せいせき》が落《お》ちてしまった」と言《い》うのです。しかし、落《お》ちてしまったことを心配《しんぱい》するのではなく、今《いま》から決心《けっしん》すれば、十年《ねん》、二十年後《ねんご》には追《お》い抜《ぬ》くことができるのです。今《いま》、勉強《べんきょう》ができなくてもがっかりすることはありません。十年《ねん》、二十年《ねん》、あるいは一生《いっしょう》かかっても努力《どりょく》をしようと決心《けっしん》して、その期間《きかん》を長《なが》く取《と》れば取《と》るほど、その人《ひと》は偉大《いだい》な世界的人物《せかいてきじんぶつ》になることでしょう。

今《いま》から決心《けっしん》しなさい。今《いま》、決心《けっしん》をすることにより、皆《みな》さんの一生《いっしょう》におけるすべての問題《もんだい》が左右《さゆう》されるのです。今《いま》、決心《けっしん》したことを、四十年《ねん》、五十年《ねん》、六十年《ねん》の間《あいだ》忘《わす》れずに、夜《よる》も、昼《ひる》も、食事《しょくじ》をしている時《とき》も、休《やす》んでいる時《とき》も、寝《ね》ている時《とき》も、起《お》きている時《とき》も、そこにすべての力《ちから》を注《そそ》げば、その人《ひと》は世界的《せかいてき》な人物《じんぶつ》になるのです。

私《わたし》たちの頭《あたま》の記憶力《きおくりょく》は、いくら天才的《てんさいてき》な人《ひと》でも、大学《だいがく》を出《で》て博士《はかせ》になった人《ひと》でも、頭《あたま》の七千分《ぶん》の一しか使《つか》っていないのです。それだけ頭《あたま》は、貯蔵庫《ちょぞうこ》が膨大《ぼうだい》だというのです。分《わ》かりますか。「私《わたし》はもう年《とし》を取《と》ったので、勉強《べんきょう》ができない」というようなことは言《い》わないでください。この貯蔵庫《ちょぞうこ》がいかに膨大《ぼうだい》かということは、考《かんが》えも及《およ》ばないことなのです。

そのような観点《かんてん》から見《み》る時《とき》に、五十年《ねん》、六十年《ねん》、七十年《ねん》、八十年《ねん》、一生涯《いっしょうがい》を懸《か》けて、ある一《ひと》つの分野《ぶんや》を中心《ちゅうしん》として、考《かんが》えて、考《かんが》えて、考《かんが》えた時《とき》、全体《ぜんたい》の分野《ぶんや》がその頭脳《ずのう》を中《ちゅう》心《しん》として、その脳細胞《のうさいぼう》を中心《ちゅうしん》としてすべてに反応《はんのう》して、どんどん世界的《せかいてき》な舞台《ぶたい》へと拡大《かくだい》していくのです。本《ほん》を読《よ》んでも、ぱっと一目《ひとめ》見《み》ればすべてが分《わ》かるのです。何《なん》のことか分《わ》かりますか。ですから、皆《みな》さんは今《いま》のうちに、「私《わたし》は善《ぜん》なる神様《かみさま》の息子《むすこ》、娘《むすめ》となり、善《ぜん》なる世界《せかい》の息子《むすこ》、娘《むすめ》となり、統一教会《とういつきょうかい》の勇士《ゆうし》となろう！」と決心《けっしん》しなければなりません。

それでは、何《なに》を決心《けっしん》するのでしょうか。そのようにいくら決心《けっしん》したとしても、「私《わたし》は来年《らいねん》、そのようになれる」ということではありません。三十年《ねん》、四十年《ねん》、五十年《ねん》が過《す》ぎ、皆《みな》さんが八十歳《さい》になった時《とき》に、世界的《せかいてき》であり、歴史的《れきしてき》な大人物《だいじんぶつ》になれる道《みち》が、門《もん》を開《ひら》いて待《ま》っているのです。

しかも、統一教会《とういつきょうかい》の皆《みな》さんは、本当《ほんとう》に幸福《こうふく》だと思《おも》います。ただ、走《はし》りさえすれば、果《は》てしなく走《はし》れるし、飛《と》ぼうと思《おも》えば、果《は》てしなく飛《と》ぶことができるのです。そうすることのできる舞台《ぶたい》が、皆《みな》さんを待《ま》っているので、今《いま》こそ決心《けっしん》して、「どんなことがあったとしても、どんな美人《びじん》や美男子《びだんし》が、邪《じゃ》なる誘惑《ゆうわく》をしたとしても、曲《ま》がることなく、四十年《ねん》を撃破《げきは》しよう。六十年《ねん》を撃破《げきは》して進《すす》んでいこう！」という決意《けつい》をもって進《すす》めば、皆《みな》さんは歴史《れきし》的《てき》な人物《じんぶつ》になるでしょう。何《なん》のことか分《わ》かりますか。今《いま》までの歴史《れきし》にない善《ぜん》なる人《ひと》になるのです。

この先生《せんせい》も、そのように生《い》きてきたのです。先生《せんせい》はどんな人《ひと》かというと、誰《だれ》に対《たい》しても負《ま》けることが嫌《きら》いなのです。先生《せんせい》は一度決心《どけっしん》をすると、誰《だれ》に対《たい》しても絶対《ぜったい》に負《ま》けるのが嫌《きら》いなのです。皆《みな》さん、男性《だんせい》として生《う》まれていて、なぜ負《ま》けるのでしょうか。頭《あたま》が悪《わる》いのでしょうか、体力《たいりょく》が足《た》りないのでしょうか。努力不足《どりょくぶそく》で負《ま》けるのは言《い》うまでもないことです。

もし勝《か》つために努力《どりょく》が必要《ひつよう》であれば、勝《か》つための努力《どりょく》を投入《とうにゅう》しなければなりません。知恵《ちえ》が必要《ひつよう》であれば、知恵《ちえ》を投入《とうにゅう》し、時間《じかん》が必要《ひつよう》であれば、時間《じかん》を投入《とうにゅう》するのです。どうして負《ま》けるのですか。負《ま》けるということはおかしいことです。先生《せんせい》は、一度《ど》こうと決心《けっしん》して、着手《ちゃくしゅ》する日《ひ》には、死《し》を決心《けっしん》して、言葉《ことば》なく最後《さいご》まで推進《すいしん》していくのです。分《わ》かりますか、何《なん》のことか。

そのように生《い》きてみると、世《よ》の中《なか》は、「文《ムン》なにがしが、ああした、こうした」と言《い》いながら、悪《わる》い人《ひと》だというわさが立《た》って騒々《そうぞう》しかったのです。しかし、約《やく》三十年《ねん》、四十年生《ねんい》きてみると、今《いま》では先生《せんせい》のことを世界中《せかいじゅう》の人々《ひとびと》が知《し》っているのです。アメリカなどでは、私《わたし》がイギリスに行《ゆ》けば、「イギリスに行《い》っている」と言《い》い、韓国《かんこく》に訪《たず》ねてくれば、韓国《かんこく》に行《い》っているということを知《し》っているのです。

ですから、アメリカ大使館《たいしかん》では、私《わたし》がどこで何《なに》をしているかという報告《ほうこく》を受《う》けていることを、私《わたし》はみな聞《き》いているのです。それはなぜでしょうか。このような道《みち》を行《い》くと、このような世界《せかい》がつくれるし、このような世界《せかい》を実現《じつげん》することができることを知《し》っているからです。

そのような基盤《きばん》は、どこで準備《じゅんび》されるのかというと、少年時代《しょうねんじだい》に決心《けっしん》したことを一生《いっしょう》の間《あいだ》、どのような困難《こんなん》があったとしても、家庭《かてい》が壊《こわ》れてしまっても、子供《こども》が裏切《うらぎ》ったとしても、父母《ふぼ》が反対《はんたい》したとしても、国《くに》が裏切《うらぎ》ったとしても、全世界《ぜんせかい》が裏切《うらぎ》ったとしても、神様《かみさま》がけ飛《と》ばしたとしても行《い》くことです。

そのように生《い》きてみると、世界的《せかいてき》な問題《もんだい》の人物《じんぶつ》として登場《とうじょう》するのです。分《わ》かりますか。それは、悪《わる》い意味《いみ》で問題《もんだい》の人物《じんぶつ》なのですか、それとも良《よ》い意味《いみ》でですか。（良《よ》い意味《いみ》でです）。良《よ》い意味《いみ》なのですね。ですから、そのような観点《かんてん》から見《み》れば、皆《みな》さんの年代《ねんだい》が、本当《ほんとう》に貴《とうと》いというのです。（一九八二・一〇・二〇）

3　陶酔《とうすい》できれば発展《はってん》する

皆《みな》さんは、今《いま》が本当《ほんとう》に貴《とうと》い時《とき》であるということを知《し》って、この時代《じだい》に決心《けっしん》したことを最《さい》後《ご》まで実行《じっこう》してみてください。皆《みな》さんは、芸術《げいじゅつ》中学校《ちゅうがっこう》や芸術《げいじゅつ》高等学校《こうとうがっこう》に通《かよ》い、最初《さいしょ》に決《けっ》心《しん》したことを最後《さいご》までやってみてください。ピアノ科《か》の人《ひと》は手《て》を挙《あ》げてください。下《お》ろしてください。次《つぎ》に、バイオリンの人《ひと》。チェロの人《ひと》。その次《つぎ》に管楽器《かんがっき》には何《なに》がありますか。いろいろあるでしょうね。百回演奏《かいえんそう》しても、千回演奏《かいえんそう》しても変《か》わらない、神秘的《しんぴてき》な音《おと》を出《だ》さなければなりません。このように楽器《がっき》を扱《あつか》う人々《ひとびと》は、自分《じぶん》の音《おと》の世界《せかい》に自分《じぶん》が酔《よ》わなければならないのです。

いくら寝《ね》ていたとしても、眠気《ねむけ》が襲《おそ》ってこようとしても、その音《おと》が一度《ど》「ピン」と聞《き》こえたならば、精神《せいしん》がさっと翔《かけ》ることのできるように、酔《よ》うことのできる素質《そしつ》をもっている人《ひと》は、これから発展性《はってんせい》があるのです。そのような人《ひと》は、必《かなら》ず成功《せいこう》をします。しかし、仕方《しかた》がなくて、気分《きぶん》のままに、自《じ》分《ぶん》が負《ま》けないためにこのようなことをする人《ひと》は、長《なが》くは続《つづ》かないのです。自分《じぶん》のすることに酔《よ》わなくてはなりません。

誰々《だれだれ》は、今《いま》ピアノを上手《じょうず》に弾《ひ》くそうですね。もし素質《そしつ》があるのならば、ピアノを弾《ひ》きながら、自動的《じどうてき》に酔《よ》えるはずなのです。ピアノに酔《よ》いなさいというのです。そのよ

うな素質《そしつ》をもつ人《ひと》は、間違《まちが》いなく発展《はってん》します。その軌道《きどう》に乗《の》れば、飛《と》ぶようになります。そうでない人《ひと》は、そこで中止《ちゅうし》するようになるのです。

ですから、芸術《げいじゅつ》の分野《ぶんや》に趣味《しゅみ》をもった人《ひと》は、これから酔《よ》う方法《ほうほう》を知《し》らなければなりません。先生《せんせい》も話《はな》す時《とき》には、そのように酔《よ》って話《はな》すのです。バイオリンを弾《ひ》いたり、ピアノを弾《ひ》く時《とき》に、酔《よ》えばもっと早《はや》いのです。皆《みな》さんが三十分《ぷん》で酔《よ》うとすれば、先生《せんせい》は一秒《びょう》で酔《よ》います。そのように感度《かんど》が速《はや》いのです。それをキャッチする方法《ほうほう》を知《し》らなければなりません。先生《せんせい》と同《おな》じ感度《かんど》になるには、皆《みな》さんはどのようにすれば到達《とうたつ》できるのでしょうか。それには、たくさんの訓練《くんれん》が必要《ひつよう》なのです。

また、世界的《せかいてき》な名作《めいさく》を作《つく》る彫刻家《ちょうこくか》のような人々《ひとびと》も、酔《よ》って作品《さくひん》を作《つく》るのです。決《けっ》して義務的《ぎむてき》ではないのです。朝《あさ》、太陽《たいよう》が昇《のぼ》ることも忘《わす》れ、夕方《ゆうがた》に太陽《たいよう》が沈《しず》むことも忘《わす》れ、夜《よる》になったことも忘《わす》れるくらいに酔《よ》って作《つく》った作品《さくひん》は、名作《めいさく》にならざるを得《え》ないのです。すべてのことが、そうなのです。先生《せんせい》もそうなのです。

先生《せんせい》がみ言《ことば》を語《かた》って心霊指導《しんれいしどう》をする時《とき》も、いつもみ言《ことば》に酔《よ》うのです。朝《あさ》になり、夕方《ゆうがた》になるのも分《わ》からなくなるほどです。そうして、必《かなら》ず真《まこと》なる世界《せかい》に対《たい》して、真《まこと》なる相対的存《そうたいてきそん》在《ざい》が自然《しぜん》に現《あらわ》れるのです。これが、自然《しぜん》の理《り》だというのです。そのような人《ひと》たちは神秘的《しんぴてき》な霊的世界《れいてきせかい》の霊人《れいじん》たちが協助《きょうじょ》することを感《かん》じるのです。その世界《せかい》に入《はい》るようになれば、バイオリンのような楽器《がっき》を演奏《えんそう》するにしても、一人《ひとり》ではないのです。霊界《れいかい》がみな、聞《き》いているのです。そのような境地《きょうち》に入《はい》れば、みな成功《せいこう》するのです。（一九八二・一〇・二〇）

4　適性《てきせい》に合《あ》う科目《かもく》を中心《ちゅうしん》として集中的《しゅうちゅうてき》に勉強《べんきょう》すること

今《いま》、勉強《べんきょう》することにおいては、何《なに》が一番《いちばん》おもしろいのか、趣味《しゅみ》は何《なに》か、皆《みな》さん自身《じしん》がよく分《わ》かるのですね。皆《みな》さん一人一人《ひとりひとり》に一番《いちばん》おもしろい何《なに》かがあるのです。夜中《よなか》に寝《ね》ていて、目《め》を開《あ》けるや否《いな》や、何《なに》がおもしろいか分《わ》かるのです。何《なん》の音楽《おんがく》が良《よ》いか分《わ》かるのです。皆《みな》さんには、このような素質《そしつ》があるのです。

皆《みな》さんが食《た》べている食事《しょくじ》についてもそうです。御飯《ごはん》を食《た》べるにも、ある人《ひと》は魚《さかな》のおかずが好《す》きなのですが、ある人《ひと》は魚《さかな》が嫌《きら》いであり、ある人《ひと》はナムル（注《ちゅう》：野菜《やさい》・山菜《さんさい》・野草《やそう》を生《なま》のまま、あるいはゆでたのち、ごま油《あぶら》・いりごまなどであえたもの）が好《す》きで、ある人《ひと》はキムチが好《す》きなのです。このようにみな違《ちが》うのです。そうなっているのです。自分《じぶん》がある好《す》きなものをもっていれば、それを一日中《にちじゅう》食《た》べていても、嫌《きら》いにならないのです。好《す》きなものは一生《いっしょう》の間《あいだ》、好《す》きだというのです。

食事《しょくじ》において、このような性稟《せいひん》があるように、勉強《べんきょう》もそうなのです。勉強《べんきょう》も、自分《じぶん》が一番好《いちばんす》きな科目《かもく》があるのです。その科目《かもく》は何《なん》でしょうか。これは、一人一人《ひとりひとり》が慎重《しんちょう》に考《かんが》えなければなりません。皆《みな》さんのような思春期《ししゅんき》にはみな、流行歌《りゅうこうか》が好《す》きなのですね。しかし「私《わたし》はいつも流行歌《りゅうこうか》が好《す》きだ」と言《い》うことはできないのです。それでは、つまらなく流《なが》れてしまう人《ひと》にしかなれないからです。

ですから好《す》きなことにも、価値基準《かちきじゅん》から見《み》て、いったい何《なに》が好《す》きなのかということが問題《もんだい》なのです。少年《しょうねん》、青年《せいねん》、壮年《そうねん》、老年《ろうねん》を問《と》わず、すべての時代《じだい》に好《す》きであって、また過去《かこ》、現在《げんざい》、未来《みらい》においても好《す》きであるという、そのような基準《きじゅん》を中心《ちゅうしん》として「このことが私《わたし》に合《あ》っている。このことが私《わたし》にはおもしろい」という科目《かもく》があるのです。そうですね。そうなれば、その科目《かもく》を中心《ちゅうしん》として集中的《しゅうちゅうてき》に勉強《べんきょう》するようになるのです。

ところで、勉強《べんきょう》はどのようにしなければならないのでしょうか。勉強《べんきょう》は、自分《じぶん》で定《さだ》めの主《おも》に科学《かがく》に対《たい》してた目的《もくてき》を達成《たっせい》するためにするのです。もし科学《かがく》が好《す》きであれば、主《おも》に科学《かがく》に対《たい》しての勉強《べんきょう》をするのです。全体的《ぜんたいてき》にはできなくても、まず科学《かがく》を専門《せんもん》にして、その次《つぎ》に、自分《じぶん》が必要《ひつよう》であれば横的《おうてき》に広《ひろ》げることができるのです。自分《じぶん》の趣味《しゅみ》に合《あ》わせて広《ひろ》げることができるのです。

今《いま》の世《よ》の中《なか》では、必《かなら》ず専門科目《せんもんかもく》をもっていなければなりません。まず専門科目《せんもんかもく》を選《えら》び、それを中心《ちゅうしん》として勉強《べんきょう》するのです。科学《かがく》であれば、科学《かがく》の歴史《れきし》に対《たい》して知《し》らなければなりません。昔《むかし》、どんな人々《ひとびと》が科学《かがく》をこのように発展《はってん》させてきたのかという、科学《かがく》の歴史《れきし》と、科学者《かがくしゃ》たちを知《し》らなくてはならないのです。

その次《つぎ》には、現在《げんざい》の科学者《かがくしゃ》たちがどのクラスにいるかということを知《し》らなければならないのです。そして、そのような中《なか》で自分《じぶん》がどの位置《いち》にいるかということを知《し》らなければなりません。過去《かこ》から現在《げんざい》があるのですが、今《いま》の私《わたし》は下《お》りていく位置《いち》に立《た》っているのか、上《のぼ》っていく位置《いち》に立《た》っているのかということを知《し》らなければなりません。

もし、皆《みな》さんが下《お》りていく位置《いち》にいるのならば、その位置《いち》を捨《す》てて上《のぼ》っていこうとする位置《いち》に立《た》たなければなりません。上《のぼ》っていく位置《いち》に立《た》つためには、過去《かこ》のどの人《ひと》よりも、現在《げんざい》のどの人《ひと》よりも、もっと熱心《ねっしん》に勉強《べんきょう》しなければならないという結論《けつろん》が出《で》るのです。過去《かこ》の誰々《だれだれ》はどうであり、現在《げんざい》の誰々《だれだれ》はどうであってと言《い》いながら、その人々《ひとびと》と比較《ひかく》した時《とき》に、その人々《ひとびと》は八十点《てん》だけれど、私《わたし》は七十五点《てん》だと。また、現在《げんざい》の科学者《かがくしゃ》たちを中心《ちゅうしん》として見《み》れば、あの人《ひと》は百点《てん》なのに、私《わたし》は今《いま》六十点《てん》だと。このようにして比較《ひかく》するのです。それで、六十点《てん》から百点《てん》になろうとすれば四十点《てん》を足《た》さなければならないのですが、そうするためには、そのための努力《どりょく》をしなければならないのです。そのようにして、最高《さいこう》の位置《いち》に上《あ》がっていかなければならないのです。

そのような努力《どりょく》をしなければならないのです。そのような努力《どりょく》を各分野《かくぶんや》で行《おこな》い、世界《せかい》の先端《せんたん》の道《みち》を行《い》くようになれば、皆《みな》さんは世界《せかい》の各分野《かくぶんや》の素晴《すば》らしい人々《ひとびと》を、すべて指導《しどう》できる位置《いち》に立《た》つことでしょう。

ですから皆《みな》さんは、自分《じぶん》が何《なに》を中心《ちゅうしん》としなければならないかということを、早《はや》く決定《けってい》しなければなりません。その次《つぎ》に、過去《かこ》、現在《げんざい》、未来《みらい》のすべての偉大《いだい》な人々《ひとびと》と比較《ひかく》してみなければなりません。自分《じぶん》がそれ以上《いじょう》のものを備《そな》えようと努力《どりょく》すれば、その人々《ひとびと》は私《わたし》のあとにつくのです。そうして、皆《みな》さんが各分野《かくぶんや》の偉大《いだい》な人《ひと》になり、すべての人々《ひとびと》を指導《しどう》でき

るようになるのです。（一九八二・一〇・二〇）

5　勉強《べんきょう》する方法《ほうほう》は祈祷《きとう》と精誠《せいせい》

皆《みな》さんが、祈祷《きとう》をして精誠《せいせい》を尽《つ》くすことは良《よ》いことです。きのう、お母様《かあさま》がお話《はな》しした内容《ないよう》は、子供《こども》がきちっと座《すわ》り、精誠《せいせい》を込《こ》めている姿《すがた》を見《み》ると恐《おそ》ろしいというものでした。祈祷《きとう》をするとなぜ良《よ》くなるのかというと、精神力《せいしんりょく》を集中《しゅうちゅう》すれば、観察力《かんさつりょく》が良《よ》くなるのです。先生《せんせい》が講義《こうぎ》を始《はじ》めると、次《つぎ》に出《で》る試験問題《しけんもんだい》が分《わ》かるようになるのです。試験問題《しけんもんだい》を出《だ》そうとしている先生《せんせい》の心《こころ》が分《わ》かるのです。なぜそうなるのかというと、祈祷《きとう》することは、アンテナを高《たか》くつけることと同《おな》じだからです。アンテナを高《たか》くすると、小《ちい》さな音《おと》も聞《き》こえるようになるのです。それと同《おな》じことなのです。精誠《せいしん》を尽《つ》くす人《ひと》には、必《かなら》ず未来《みらい》の世界《せかい》が連結《れんけつ》されるのです。ですから、啓示《けいじ》や預言《よげん》はみな、精誠《せいせい》を尽《つ》くす人《ひと》から出《で》てくるのです。

そのように、勉強《べんきょう》して、精誠《せいせい》を尽《つ》くし、良《よ》い点数《てんすう》を取《と》ることは、人類《じんるい》のために、神様《かみさま》のために、全体《ぜんたい》のためにすることなので、その試験《しけん》の時《とき》には、あらゆる善《ぜん》なる霊人《れいじん》たちが、その分野《ぶんや》の専門的《せんもんてき》な善《ぜん》なる霊人《れいじん》たちがやって来《く》るのです。間違《まちが》いなくやって来《く》るのです。ですから、精誠《せいせい》を尽《つ》くして神秘的《しんぴてき》な境地《きょうち》に入《はい》るようになった時《とき》には、何《なに》か文章《ぶんしょう》を書《か》いてみなさい。必《かなら》ず名文《めいぶん》が書《か》けるのです。そのような境地《きょうち》に入《はい》ると、絵《え》を描《えが》いてもそうなるのです。手先《てさき》だけで絵《え》を描《えが》くのではなく、精誠《せいせい》を込《こ》めて「この手《て》に、一《ひと》つの偉大《いだい》な画家《がか》が働《はたら》いて、私《わたし》を協助《きょうじょ》している」と、そのように思《おも》って精誠《せいせい》を尽《つ》くす中《なか》で描《えが》けば、名作《めいさく》が生《う》まれるのです。分《わ》かりますか。ですから、良《よ》い作品《さくひん》をいつも壁《かべ》に貼《は》っておくと、そのようなことが起《お》こるのです。

それで、偉大《いだい》な科学者《かがくしゃ》や偉大《いだい》な芸術家《げいじゅつか》たちは、必《かなら》ず霊的《れいてき》に通《つう》じるのです。その人《ひと》たちが精誠《せいせい》を尽《つ》くしているので、そうなるのです。ですから、勉強《べんきょう》を熱心《ねっしん》にしなければなりません。(一九八二・一〇・二〇)

6　勉強《べんきょう》する姿勢《しせい》とは

勉強《べんきょう》をする時《とき》には、ただ学科《がっか》の時間《じかん》に教室《きょうしつ》に入《はい》って座《すわ》り、勉強《べんきょう》することだとは思《おも》わないでください。すべてこのような課題《かだい》を中心《ちゅうしん》として、競争《きょうそう》することであると思《おも》いなさい。なぜかというと、皆《みな》さんは運動会《うんどうかい》の時《とき》のスタートラインに立《た》っているのと同《おな》じなのです。「パーン」というピストルの音《おと》で走《はし》り出《だ》すのと同《おな》じなのです。皆《みな》、そのような立場《たちば》にいるのです。

勉強《べんきょう》の時間《じかん》になると、世界中《せかいじゅう》の学生《がくせい》たちと共《とも》に一《ひと》つの出発点《しゅっぱつてん》に立《た》ち、誰《だれ》が一番速《いちばんはや》く走《はし》るかという立場《たちば》に立《た》っていることを忘《わす》れてはなりません。

ですから、先生《せんせい》が指示《しじ》するこの話《はなし》は、銃《じゅう》を撃《う》つのと同《おな》じなのです。「パーン」と撃《う》つと、瞬《また》く間《ま》に、どっと駆《か》けていくようにしなければなりません。それだけ呼吸《こきゅう》が一致《いっち》した位置《いち》であるほど、一歩《ぽ》でも先立《さきだ》つことです。たとえ千歩《ぽ》、万歩《まんぽ》を走《はし》ったとしても、出発《しゅっぱつ》に一歩先立《ぽさきだ》っていれば、必《かなら》ず一等《とう》になれるのです。そうでしょう？　「あっ」という出発《しゅっぱつ》の瞬間《しゅんかん》を先取《さきど》ることによって、既《すで》に勝負《しょうぶ》が決定《けってい》するのです。千歩《ぽ》、万歩走《まんぽはし》ったとしても、最初《さいしょ》の一歩《ぽ》で決定《けってい》するのです。また一時間《じかん》、二時間走《じかんはし》ったとしても、最初《さいしょ》の一秒《びょう》で決定《けってい》するのです。そうなっているでしょう？　最初《さいしょ》の一秒《びょう》、最初《さいしょ》の一歩《ぽ》は、とても難《むずか》しいのです。

勝利《しょうり》するためには、数万歩《すうまんぽ》を犠牲《ぎせい》にして、数万時間《すうまんじかん》を投入《とうにゅう》しなければならないのです。

そのような時間《じかん》と、そのような犠牲《ぎせい》を投入《とうにゅう》する時《とき》に、悲嘆《ひたん》にくれながら投入《とうにゅう》するのではなく、喜《よろこ》びながら投入《とうにゅう》する人《ひと》は必《かなら》ず賞《しょう》を取《と》れるのです。そして賞《しょう》を取《と》ったとしても、そこでストップしないのです。しかし、仕方《しかた》なく賞《しょう》を取《と》った人《ひと》は、賞《しょう》を取《と》るとすべて後退《こうたい》するのです。趣味《しゅみ》をもって成《な》した人《ひと》は、また走《はし》れるのです。賞《しょう》を取《と》っても、また走《はし》れるのです。

皆《みな》さんは高等学校《こうとうがっこう》を卒業《そつぎょう》するとどうなりますか。仕方《しかた》なく大学《だいがく》に行《ゆ》くのでしょうか。「ああ、勉強《べんきょう》がなければいいのに」と言《い》う人《ひと》は、大学《だいがく》へ入《はい》って卒業《そつぎょう》をしたとしても、ただ流《なが》れていく人《ひと》になるのです。

大学《だいがく》に入《はい》ることとは、ひたすら知《し》りたいことを知《し》り、やりたいことができるように、早《はや》く勉強《べんきょう》できるからです。大学《だいがく》へ入《はい》って、そこで、勉強《べんきょう》する目標《もくひょう》を発見《はっけん》できれば、その人《ひと》は、そこで教室《きょうしつ》の仲間《なかま》たちを突破《とっぱ》していける人《ひと》です。そのためには、趣味《しゅみ》がなければなりません。趣味《しゅみ》があり、おもしろくなければなりません。精誠《せいせい》を尽《つ》くす時《とき》にも、おもしろくなくてはいけないのです。(一九八二・一〇・二〇)

7　速成《そくせい》で勉強《べんきょう》を終《お》える方法《ほうほう》

統一教会《とういつきょうかい》の教会員《きょうかいいん》は、二十歳以前《はたちいぜん》に大学《だいがく》を出《で》るのが良《よ》いと思《おも》います。それなのに三十代《だい》までいれば、いつ大学《だいがく》を出《で》るのでしょうか。いつ博士《はくし》コースを終《お》えるのでしょうか。それで私《わたし》は今《いま》、コンピューター式勉強制度《しきべんきょうせいど》を考《かんが》えているのです。みな、あっという間《ま》に勉強《べんきょう》できるようにしなければいけないのです。

その時《とき》は、どうするかというと、監獄《かんごく》のようにすべての門《もん》を閉《と》ざして出《で》られないようにし、本《ほん》をすべて暗記《あんき》させ、試験《しけん》をしてパスした人《ひと》だけが出《で》られるようにするのです。そのように、最《もっと》も地獄《じごく》に似《に》た監房《かんぼう》から上《あ》がっていくのです。監房《かんぼう》とは何《なに》か分《わ》かりますか。監獄《かんごく》の部屋《へや》を監房《かんぼう》というのです。そのような一番悪《いちばんわる》い監房《かんぼう》からだんだんと解放《かいほう》していって、良《よ》いホテルへと上《あ》がっていくのです。

皆《みな》さん、一日《にち》に何時間《なんじかん》ずつ勉強《べんきょう》するのか考《かんが》えてみなさい。皆《みな》さんは学校《がっこう》で何時間勉強《なんじかんべんきょう》しますか。リトル・エンジェルス高等学校《こうとうがっこう》三学年《がくねん》の学生《がくせい》たちは、一日《にち》に何時間《なんじかん》ずつ勉強《べんきょう》しますか。(七時間《じかん》です)。それで何日《なんにち》、学校《がっこう》に行《ゆ》くのですか。(六日《むいか》です)。六日《むいか》でどうなりますか。それで、四十二時間《じかん》がとられるのです。それでは、一年《ねん》に何週間《なんしゅうかん》になりますか。(五十二週《しゅう》になります)。五十二週《しゅう》というと、何時間《なんじかん》ですか。(二千百八十四時間《じかん》です)。二千百八十四時間《じかん》を一日《にち》二十四時間《じかん》で割《わ》れば、九十一日《にち》となります。これを四年間《ねんかん》にすると、三百六十四日《にち》です。これは一年間《ねんかん》にしかなりません。ですから、大学《だいがく》を出《で》るためには何日勉強《なんにちべんきょう》すればよいのかというと、一年間勉強《ねんかんべんきょう》すればパスするのです。

さあ、それでは一日《にち》を二十四時間《じかん》として計算《けいさん》したので、これを十二時間《じかん》ずつにすれば、二年間《ねんかん》あれば間違《まちが》いなく大学《だいがく》を卒業《そつぎょう》するのです。それをしますか、しませんか。このことに反対《はんたい》ですか、支持《しじ》しますか。皆《みな》さんが支持《しじ》するならば、あすからそのようにしてもいいということなのです。そうですね?

そのようにしてでも、早《はや》く卒業《そつぎょう》するのがいいですか、良《よ》くないですか。一年《ねん》に一遍《いっぺん》にするのが良《よ》いですか、二年《ねん》、三年《ねん》、四年《ねん》にするのが良《よ》いですか。私《わたし》は、さっとしてしまうのが好《す》きなのです。皆《みな》さんはどうですか。(さっとするのが好《す》きです)。それは誰《だれ》に似《に》たのですか。(先生《せんせい》です)。先生《せんせい》に似《に》たのですね。では、この先生《せんせい》は誰《だれ》に似《に》たのですか。(神様《かみさま》です)。神様《かみさま》はできるだけ早《はや》くすることを願《ねが》われるのです。遊《あそ》ばないで、休《やす》まないで、額《ひたい》がぴかぴかになるくらいに勉強《べんきょう》しなければなりません。神様《かみさま》のために仕事《しごと》をして、頭《あたま》がはげるのならば良《よ》いことです。自分《じぶん》のために稼《かせ》いで、食《た》べるために生活《せいかつ》をし、息子《むすこ》、娘《むすめ》のことを考《かんが》えて頭《あたま》がはげてしまうのは落第《らくだい》です。

私《わたし》は大学《だいがく》を軽視《けいし》しています。もし大学《だいがく》を卒業《そつぎょう》しようと思《おも》えば、私《わたし》には一年以内《ねんいない》にできることです。ですから、大学《だいがく》を出《で》たからといって大《おお》きな顔《かお》をしてはなりません。勉強《べんきょう》すれば一年以内《ねんいない》にすべてできることです。学校《がっこう》で勉強《べんきょう》することが問題《もんだい》ですか、問題《もんだい》ではないですか。(問題《もんだい》ではありません)。満点《まんてん》を取《と》ることが問題《もんだい》なのですか、問題《もんだい》ではないですか。よく考《かんが》えてみなさい。皆《みな》さんはサタン世界《せかい》の息子《むすこ》、娘《むすめ》に対《たい》して負《ま》けるのですか、勝《か》つのですか。(勝《か》ちます)。どんなことをしても、執拗《しつよう》に勝《か》たなければなりません。

皆《みな》さんは、勉強《べんきょう》しなければなりません。勉強《べんきょう》がよくできる人《ひと》は、私《わたし》がアメリカへ連《つ》れていくかもしれません。アメリカの立派《りっぱ》な大学《だいがく》に、祝福家庭《しゅくふくかてい》の息子《むすこ》、娘《むすめ》を連《つ》れていって勉強《べんきょう》させなければなりません。お母《かあ》さん、お父《とう》さんが、皆《みな》さんを勉強《べんきょう》させることができなければ、私《わたし》が連《つ》れていって勉強《べんきょう》させてあげようというのです。「この出来損《できそこ》ない」と言《い》

いながら引《ひ》っ張《ぱ》っていくのです。「嫌《いや》だ」と言《い》ってもみな、連《つ》れていって勉強《べんきょう》させるのです。その時《とき》は、すべて容赦《ようしゃ》しないというのです。そのようにしてでも、早《はや》く博士学位《はくしがくい》をもった立派《りっぱ》な人《ひと》にならなければなりません。そのように、大変《たいへん》な課程《かてい》を一年間《ねんかん》で終《お》わらせようとすれば、それだけつらいのです。

ここには、遊《あそ》び好《ず》きな者《もの》もいるでしょう。そのような人《ひと》は、ありになるのですか、きりぎりすになるのですか。（ありです）。ああ、どれほど苦労《くろう》すれば真《ま》っ黒《くろ》になるのでしょうか。どれほど大変《たいへん》であれば、腰《こし》がそのようになるのでしょうか。

ありは、そのように腰《こし》が細《ほそ》くなるくらい

に努力《どりょく》して、仕事《しごと》をたくさんするのです。小《ちい》さな体《からだ》で自分《じぶん》の十倍以上《ばいいじょう》の大《おお》きな物《もの》を、後《あと》ずさりしながら引《ひ》いたり、前《まえ》に歩《ある》きながら引《ひ》いていくのです。大《おお》きなきりぎりすがあお向《む》けになって倒《たお》れた時《とき》には、それを引《ひ》いていって倉庫《そうこ》に積《つ》んでおくのです。分《わ》かりますか。この世《よ》は偉《えら》そうにしているきりぎりすのような者《もの》たちが多《おお》いのですが、私《わたし》はありのようになり、人々《ひとびと》をすべて引《ひ》いていって復帰摂理《ふっきせつり》に用《もち》いようと思《おも》うのです。（一九八一・四・一二）

8　どのように専攻《せんこう》を決定《けってい》するか

これもしたい、あれもしたいと、決定《けってい》できない場合《ばあい》には、まず祈祷《きとう》をするのです。木《き》でいえば、五葉松《ごようまつ》の木《き》のように、幹《みき》があるのです。成長《せいちょう》するすべてのものは、必《かなら》ず幹《みき》を中心《ちゅうしん》として育《そだ》つようになっているのです。だからといって、横《よこ》の枝《えだ》がすべて間違《まちが》っているということではありません。これは何《なん》のことかというと、すべてがそのような幹《みき》を中心《ちゅうしん》として歩調《ほちょう》を合《あ》わせているのです。特《とく》に木《き》が育《そだ》つ時《とき》がそうなのです。皆《みな》さんも、同《おな》じなのです。

普通《ふつう》、人間《にんげん》には素質《そしつ》が一《ひと》つだけあるのではありません。二《ふた》つ、三《みっ》つ、四《よっ》つ。このように四位基台《よんいきだい》の原則《げんそく》を通《とお》して造《つく》られた被造世界《ひぞうせかい》であり、人間《にんげん》はその中心《ちゅうしん》となるので、誰《だれ》でも東西《とうざい》四方《ほう》に向《む》かって合《あ》わせ得《う》る性格《せいかく》、素質《そしつ》をもっているというのです。その中《なか》に、幹《みき》のような性稟《せいひん》があるというのです。それは自分《じぶん》がよく知《し》っているというのです。祈祷《きとう》してみると、それが分《わ》かるのです。

落書《らくが》きをして遊《あそ》んでいても、自分《じぶん》でも知《し》らないうちに、自分《じぶん》の好《す》きなことを書《か》いているのです。皆《みな》さんは、そのような経験《けいけん》をしたことはありますか。また、昔《むかし》の立派《りっぱ》な人《ひと》たちの中《なか》で、私《わたし》は誰《だれ》が好《す》きだなどということは、その人《ひと》の思想《しそう》が好《す》きだからです。このようなことを判断《はんだん》して、自分《じぶん》たちでえり分《わ》けなければならないのです。そのような

五葉松

ことがありましたか、ありませんでしたか。

原理《げんり》の勉強《べんきょう》は、誰《だれ》もがしなければなりません。復帰歴史《ふっきれきし》が残《のこ》っている限《かぎ》り、復帰《ふっき》の道《みち》を行《い》くために、教会《きょうかい》に対《たい》する知識《ちしき》をすべて知《し》らなければならないのです。そのほかに、世《よ》の中《なか》のことも、私《わたし》たちは勉強《べんきょう》しなければなりません。

皆《みな》さんは、そのようなことをすべて分《わ》からなければなりません。先生《せんせい》は、既《すで》にすべて知《し》っているのです。先生《せんせい》は昔《むかし》、そのようなことをすべて勉強《べんきょう》したのです。先生《せんせい》は仕方《しかた》なく、他《た》の系統《けいとう》の勉強《べんきょう》をしていたのですが、その勉強《べんきょう》も復帰《ふっき》の道《みち》を行《い》くためにしたのです。自《じ》分《ぶん》が、自分《じぶん》のすることをみな知《し》っているのです。私《わたし》は何《なに》になるべきなのかということが分《わ》かるのです。それが分《わ》からなければ、皆《みな》さんは、自分《じぶん》が何《なに》になるべきなのか祈祷《きとう》してみなさい。

皆《みな》さんは、先生《せんせい》がすべて指示《しじ》してくれるだろうと思《おも》っていても、どうやって先生《せんせい》が毎日《まいにち》のように皆《みな》さんに会《あ》って指示《しじ》できるでしょうか。世界中《せかいじゅう》の数多《かずおお》くの人々《ひとびと》が先生《せんせい》を待《ま》っているのです。そうでしょう？　朝日《あさひ》が昇《のぼ》ることは、お母《かあ》さんも好《す》きであり、お父《とう》さんも好《す》きであるのと同《おな》じく、私《わたし》も好《す》きなのです。そうでしょう？　朝《あさ》の時間《じかん》の好《す》きな人《ひと》がいて、昼《ひる》の時間《じかん》の好《す》きな人《ひと》がいて、夕方《ゆうがた》の時間《じかん》の好《す》きな人《ひと》がいて、また、夜《よる》の時間《じかん》の好《す》きな人《ひと》もいるのです。ですから、自分《じぶん》たちが探《さが》さなければならないことなのです。よく祈祷《きとう》をしてみてください。（一九八二・一〇・八）

9　祝福子女《しゅくふくしじょ》たちに対《たい》する進路指導《しんろしどう》

すべて終《お》わりましたか。（新《あたら》しく来《き》た人《ひと》がいます）。どこの大学《だいがく》ですか。立《た》ってみなさい。（延世大学《ヨンセだいがく》、社会学部《しゃかいがくぶ》です）。誰《だれ》の息子《むすこ》ですか。どうして髪《かみ》をそんなに伸《の》ばしたのですか。どうしてそういう眼鏡《めがね》をかけているのですか。（はい。日《ひ》の光《ひかり》が刺激《しげき》になるので、色《いろ》のあるのにしました）。少《すこ》し髪《かみ》を切《き》るといいでしょう。（はい）。

次《つぎ》は誰《だれ》ですか。以前《いぜん》は首《くび》がほっそりしていたのに、随分太《ずいぶんふと》ったね。誰《だれ》の息子《むすこ》でしたか、どうして学校《がっこう》に行《ゆ》かないのですか。（昨年《さくねん》は入《はい》れませんでした）。なぜですか。（勉強《べんきょう》ができなくてです）。なぜ、勉強《べんきょう》ができなかったのですか。（遊《あそ》んでいました）。これから学校《がっこう》に入《はい》るつもりですか、試験《しけん》を受《う》けるのですか。（はい、十二月二日《がつふつか》に受《う》けます）。今回《こんかい》はパスする自信《じしん》がありますか。（はい）。勉強《べんきょう》は熱心《ねっしん》にしましたか。（はい）。勉強《べんきょう》しなかったときは、大変《たいへん》だったでしょう？（はい）。一回落《かいお》ちれば、追《お》いつくのが大変《たいへん》だね。一回落《かいお》ちるということは、大変《たいへん》なことなのです。

その次《つぎ》の人《ひと》は、性格《せいかく》を少《すこ》し直《なお》さないといけません。君《きみ》は誰《だれ》の息子《むすこ》ですか。「百二十四家《か》庭《てい》」ですか。「百二十四家庭《かてい》」の息子《むすこ》がこんなに大《おお》きくなったのですか。何歳《なんさい》ですか。（十九歳《さい》です）。君《きみ》も十九歳《さい》ですか。（はい）。十九歳《さい》の人《ひと》は手《て》を挙《あ》げてみなさい。二十歳《はたち》、二十一歳《さい》、二十二歳《さい》の人《ひと》もいますか。二十二歳《さい》はいませんか。

お父《とう》さんは誰《だれ》ですか。学校《がっこう》はどこに通《かよ》うのですか。（昨年《さくねん》、落《お》ちました）。では、今回《こんかい》もう一度受《どう》けるのですか。（はい）。浪人生《ろうにんせい》になってみると情《なさ》けないでしょう。今回《こんかい》もまた落《お》ちたらどうしますか。（今回《こんかい》は入《はい》るつもりです）。そうではなくて、また落《お》ちたらどうするのかというのです。死《し》ぬつもりですか。ならば、どうして勉強《べんきょう》しなかったのですか、遊《あそ》んでいたからですか。

男性《だんせい》も、女性《じょせい》も、大学《だいがく》を卒業《そつぎょう》したら何《なに》をするのですか。少《すこ》し先生《せんせい》に話《はな》してください。答《こた》えてください、大学《だいがく》を卒業《そつぎょう》したら何《なに》をするのですか。もう、二十歳《はたち》になったのに答《こた》えられないのですか。皆《みな》さんは偉大《いだい》な人《ひと》になりたくないのですか。偉大《いだい》な人《ひと》、立派《りっぱ》な人《ひと》になりたければ、少年時代《しょうねんじだい》に決心《けっしん》したことを一生涯《いっしょうがい》放《はな》さず、その目標《もくひょう》に向《む》かって戦《たたか》っていく人《ひと》にならなければなりません。

そのためには、いろんな分野《ぶんや》があるのですが、自分《じぶん》がもって生《う》まれた素質《そしつ》に従《したが》っていかなければなりません。環境《かんきょう》が後押《あとお》しするようでなければなりません。今厳《いまきび》しい生活《せいかつ》をしているからといって、お金《かね》のことだけを考《かんが》えていてはいけないのです。お金《かね》が避《さ》けていくようになります。そのような人《ひと》が事業《じぎょう》をするようになれば、いつも失敗《しっぱい》します。経済分野《けいざいぶんや》で活動《かつどう》する人《ひと》は、お金《かね》がついてくるようにならなければなりません。お金《かね》がついてくる顔《かお》つきをしている人《ひと》がいるのです。君《きみ》は、機械《きかい》や電気《でんき》の方面《ほうめん》に進《すす》めばいいでしょう。そういう面《めん》での素質《そしつ》をもっています。

君《きみ》は、政治家《せいじか》になるというのであれば、政治《せいじ》をする人《ひと》は、歩《ある》き回《まわ》ってはいけないのです。(政治学《せいじがく》を勉強《べんきょう》したいのです)。政治学《せいじがく》を勉強《べんきょう》することは、政治《せいじ》をするためでしょう？ 君《きみ》が政治家《せいじか》になると困《こま》るでしょう。君《きみ》の素質《そしつ》をそこに使《つか》っては、困《こま》るというのです。君《きみ》は、何《なに》か座《すわ》ってでもできる仕事《しごと》をしないと、口《くち》を開《ひら》いて話《はなし》をするような仕事《しごと》は良《よ》くないのです。

政治家《せいじか》になろうとすれば、口《くち》を開《ひら》かなければなりません。

君《きみ》、少《すこ》し額《ひたい》を見《み》ましょう。眼鏡《めがね》を取《と》ってください。それが出《で》ていたら良《よ》くないのです。君《きみ》は、自分《じぶん》の頭《あたま》がよく回《まわ》ると思《おも》っているでしょう？　政治家《せいじか》というのは、深《ふか》く、遠《とお》くを見《み》ることができないといけないのです。ところが、君《きみ》はそういうタイプではないのです。目前《もくぜん》のことに解決《かいけつ》が早《はや》いのです。目《め》の前《まえ》に起《お》こったことに対《たい》しては、素早《すばや》くキャッチして、素早《すばや》く判断《はんだん》するのです。ですから、思《おも》い掛《が》けなく仲間《なかま》を離反《りはん》させてしまうのです。君《きみ》のような性格《せいかく》をもっている人《ひと》は、できれば座《すわ》ってできる仕事《しごと》が必要《ひつよう》なのです。手先《てさき》が器用《きよう》なようだけれども？　(使《つか》ってみたことはありません)。やってみないとね。(一九八二・一〇・二〇)

10　勉強《べんきょう》をする目的《もくてき》

皆《みな》さんは、どんな道《みち》を探《さが》していくのでしょうか。皆《みな》さんは、どんな道《みち》を求《もと》めなくてはならないのでしょうか。神様《かみさま》を絶対的《ぜったいてき》に愛《あい》する道《みち》を求《もと》めなくてはなりません。神様《かみさま》を絶対的《ぜったいてき》に愛《あい》すれば、勉強《べんきょう》も、何《なに》も、すべてほうり出《だ》してもいいというのではないのです。

勉強《べんきょう》はなぜするのでしょうか。なぜ勉強《べんきょう》をするのかということが問題《もんだい》になるのですが、愛《あい》があればそれでいいのに、なぜ勉強《べんきょう》をするのでしょうか。何《なん》のために勉強《べんきょう》をするのですか。そういうことを考《かんが》えてみたことがありますか。

あらゆることを捨《す》てても、神様《かみさま》の愛《あい》をもっていけばいいのです。そうすれば、私《わたし》は一人《ひとり》であっても救援《きゅうえん》を受《う》けられるのです。しかし、私《わたし》たちは大衆《たいしゅう》を教化《きょうか》できなければなりません。私《わたし》たちが全体《ぜんたい》の前《まえ》に、正《ただ》しい道《みち》を教《おし》えることのできる能力《のうりょく》を一〇〇パーセント活用《かつよう》できる基盤《きばん》が成立《せいりつ》できなければ、一方向《ほうこう》にしか通用《つうよう》しないのです。分《わ》かりますか。言《い》い換《か》えれば、私《わたし》たちが世《よ》の中《なか》に出《で》ていく時《とき》に、神様《かみさま》の息子《むすこ》の資格《しかく》はもてるかもしれないけれど、堕落《だらく》したこの世界《せかい》で、あらゆる人々《ひとびと》を神様《かみさま》の息子《むすこ》としてつくり変《か》えることはできないのです。

勉強《べんきょう》をなぜするのかというと、私《わたし》たちのような神様《かみさま》の息子《むすこ》をたくさんつくることが必要《ひつよう》だからです。ですから、勉強《べんきょう》が必要《ひつよう》なのです。分《わ》かりましたか。私《わたし》たちが世界《せかい》一有名《ゆうめい》な科学者《かがくしゃ》になれば、科学《かがく》を通《とお》して、いくらでも神様《かみさま》を教《おし》えてあげることができるのです。

そうでしょう？　ですから、私《わたし》たちだけが神様《かみさま》の息子《むすこ》になるのではなく、自分《じぶん》の専門分野《せんもんぶんや》で研究《けんきゅう》するすべての人々《ひとびと》を、神様《かみさま》の息子《むすこ》としてつくり変《か》える人《ひと》にならなければならないのです。

それでは、何《なに》も影響《えいきょう》を与《あた》えられない神様《かみさま》の息子《むすこ》と、全世界《ぜんせかい》に神様《かみさま》の息子《むすこ》をたくさんつくり得《う》る神様《かみさま》の息子《むすこ》と、どちらが神様《かみさま》の前《まえ》に称賛《しょうさん》を受《う》けるでしょうか。それは、言《い》うまでもなく、一人《ひとり》で神様《かみさま》の前《まえ》に来《く》る息子《むすこ》よりも、全世界《ぜんせかい》に神様《かみさま》の息子《むすこ》、すなわち自分《じぶん》と同《おな》じ人《ひと》をたくさんつくり得《う》る息子《むすこ》を、神様《かみさま》はより願《ねが》うのです。ですから、愛《あい》の道《みち》を行《い》こうとすれば、両面《りょうめん》の結果《けっか》をもってくる人《ひと》が必要《ひつよう》なのです。それが神様《かみさま》の願《ねが》う道《みち》であり、私《わたし》たちの願《ねが》う道《みち》なので、この道《みち》を完成《かんせい》させるためには、勉強《べんきょう》をよくしなければならないのです。

ですから、母親《ははおや》や祖父《そふ》に対《たい》する時《とき》も、このように対《たい》さなければならないという倫理《りんり》の問題《もんだい》が出《で》てくるのです。そして、生活《せいかつ》の問題《もんだい》も出《で》てくるのです。これらを適用《てきよう》し、応用《おうよう》する時《とき》に、便利《べんり》な方法《ほうほう》を私自《わたしみずか》ら絞《しぼ》ることができ、編成《へんせい》することができる能力《のうりょく》をもつためには、知《し》っていなければならないのです。

ですから、統一教会《とういつきょうかい》の教会員《きょうかいいん》は、これから神様《かみさま》のために絶対命《ぜったいいのち》を懸《か》けて、あらゆることを犠牲《ぎせい》にすることができ、最高《さいこう》の努力《どりょく》をし、知識的分野《ちしきてきぶんや》とか、あらゆる面《めん》での実力《じつりょく》を備《そな》えて、私《わたし》たちのような人《ひと》をたくさんつくらなければなりません。「人類《じんるい》を幸福《こうふく》にするために、勉強《べんきょう》するのだ」と思《おも》うことは素晴《すば》らしいことですか、素晴《すば》らしくないことですか。(素晴《すば》らしいことです)。本当《ほんとう》に素晴《すば》らしいことなのです。(一九七八・一〇・九)

11　神様《かみさま》の課業《かぎょう》と私《わたし》たちの使命《しめい》

皆《みな》さんは、愛《あい》を受《う》ける神様《かみさま》の息子《むすこ》を一人《ひとり》つくりますか、百人《にん》つくりますか、数万人《すうまんにん》の人《ひと》をつくりますか。(数万人《すうまんにん》です)。その欲望《よくぼう》は、神様《かみさま》より深《ふか》くても、高《たか》くても、神様《かみさま》がよしとするのです。「神様《かみさま》、六千年間何《ねんかんなに》をしてきたのですか。この四十億人類《おくじんるい》を、一人《ひとり》も神様《かみさま》の息子《むすこ》、娘《むすめ》としてつくれなかったからといって、あきらめないでください。神様《かみさま》、私《わたし》の手《て》で、すべて神様《かみさま》の息子《むすこ》、娘《むすめ》につくるので見《み》ていてください」と言《い》えば、神様《かみさま》は「この不届《ふとど》き者《もの》め!」と言《い》われるのではなく、「ふふふ。そうだ、そうだ」と言《い》われるのです。その欲望《よくぼう》は地《ち》よりも厚《あつ》く、天《てん》より厚《あつ》く、神様《かみさま》の頭《あたま》の上《うえ》よりも、もっと高《たか》くてもいいのです。ですから、熊《くま》のような愚鈍《ぐどん》な心《こころ》をもっていても、そのような欲望《よくぼう》はいくらでももてるのです。そのような欲望《よくぼう》は悪《わる》くないのです。

皆《みな》さんは韓国人《かんこくじん》ですか、日本人《にっぽんじん》ですか。（韓国人《かんこくじん》です）。韓国人《かんこくじん》だけを神様《かみさま》の息子《むすこ》、娘《むすめ》につくるのですか、日本人《にっぽんじん》は怨讐《おんしゅう》だから外《はず》しておくのですか。（違《ちが》います）。次《つぎ》に、黒人《こくじん》たちの国《くに》はどうするのですか。先《さき》ほども私《わたし》が話《はな》したように、世界《せかい》の人々《ひとびと》をみな神様《かみさま》の息子《むすこ》、娘《むすめ》としてつくり、地獄《じごく》にいる人《ひと》たちも、すべて救《すく》わなければならないのです。

神様《かみさま》もそうなのです。神様《かみさま》の仕事《しごと》は何《なに》かというと、全世界《ぜんせかい》の人々《ひとびと》を神様《かみさま》の息子《むすこ》、娘《むすめ》としてつくることです。ですから、私《わたし》たちが神様《かみさま》に代《か》わって息子《むすこ》、娘《むすめ》をつくる仕事《しごと》をするようになる時《とき》、神様《かみさま》は自分《じぶん》のすべてをいくらでも譲《ゆず》ってあげようとされるので、神様《かみさま》の息子《むすこ》の中《なか》でも、一番《ばん》の息子《むすこ》になるのです。息子《むすこ》の王様《おうさま》になるのです。

一番《ばん》の息子《むすこ》になるのですか、一番《ばん》の娘《むすめ》になるのですか。どんな息子《むすこ》になりますか、どんな娘《むすめ》になりますか。（一番《ばん》の息子《むすこ》、一番《ばん》の娘《むすめ》です）。欲《よく》が深《ふか》いですね。みんなが「一番《ばん》！」と言《い》うことは、一番《ばん》がいいからなのですね。いくらでも一番《ばん》になりなさい。韓国人《かんこくじん》だからなれないという法《ほう》はありません。白人《はくじん》だけがなるのではありません。黒人《こくじん》だからなれない

お父様の生家

という法《ほう》はないのです。誰《だれ》でも、同等《どうとう》の立場《たちば》において、神様《かみさま》の息子《むすこ》であるという特権《とっけん》を、万民《ばんみん》の前《まえ》に共《とも》に授《さず》け受《う》けることができるのです。

先生《せんせい》は、勉強《べんきょう》したと思《おも》いますか、しなかったと思《おも》いますか。(勉強《べんきょう》されました)。先生《せんせい》は勉強《べんきょう》する時《とき》、一夜漬《いちやづ》けのように勉強《べんきょう》してきました。何年間《なんねんかん》もかかってすることを瞬間《しゅんかん》にやってのけたのです。

先生《せんせい》の故郷《こきょう》は北韓《ほっかん》です。定州《チョンヂュ》から北東《ほくとう》の方向《ほうこう》に約《やく》八キロメートルの距離《きょり》にある農村《のうそん》なのです。皆《みな》さんは、あんどんを知《し》っていますか。(はい)。あんどんに油《あぶら》を入《い》れて勉強《べんきょう》したのが、ついこの前《まえ》のことのようです。二時《じ》、三時《じ》、夜《よる》を徹《てっ》して勉強《べんきょう》していると、お父《とう》さん、お母《かあ》さんが、「寝《ね》なさい。体《からだ》が弱《よわ》っていては駄目《だめ》だ」と言《い》ったのです。いつもそうだったのです。

その時《とき》、私《わたし》が一番友《いちばんとも》としたのは、夜《よる》の虫《むし》たちでした。夏《なつ》に夜《よる》の虫《むし》を友《とも》としたのです。こうしてぴったり座《すわ》って、二時《じ》、三時《じ》まで勉強《べんきょう》しました。田舎《いなか》の夜《よる》は、とても静《しず》かなのです。静《しず》かな月夜《つきよ》に昆虫《こんちゅう》たちが鳴《な》く声《こえ》は、とても神秘《しんぴ》めいているのです。また山《やま》へ行《い》って歩《ある》き回《まわ》ったことが、ついこの前《まえ》のことのようです。それは何《なん》のことかというと、私《わたし》たちの人生《じんせい》は短《みじか》いということなのです。短《みじか》い人生《じんせい》なのです。

だからこそ、何《なに》をするにしても、神様《かみさま》の息子《むすこ》、娘《むすめ》をつくるためには知識《ちしき》が必要《ひつよう》であり、能力《のうりょく》が必要《ひつよう》なのです。一人《ひとり》だけが神様《かみさま》の息子《むすこ》、娘《むすめ》になるのではなく、万民《ばんみん》を神様《かみさま》の息子《むすこ》、娘《むすめ》としてつくることを神様《かみさま》が望《のぞ》んでいらっしゃるので、そのために、あらゆる準備条件《じゅんびじょうけん》として私《わたし》たちは知識《ちしき》が必要《ひつよう》であり、能力《のうりょく》が必要《ひつよう》なのです。知識《ちしき》を磨《みが》くことによって能力《のうりょく》がつくようになるので、勉強《べんきょう》しなければならないという結論《けつろん》に到達《とうたつ》するのです。だから勉強《べんきょう》しなければなりませんか、しなくてもいいのですか。（しなければなりません）。そして、祈祷《きとう》をしなければならないのです。（一九七八・一〇・九）

12　人生《じんせい》の成功《せいこう》の道《みち》を行《い》くためには

勉強《べんきょう》も熱心《ねっしん》にする反面《はんめん》、祈祷《きとう》も熱心《ねっしん》にしなければなりません。そして、学校《がっこう》に行《ゆ》くようになれば、愛《あい》を中心《ちゅうしん》として訓練《くんれん》しなければなりません。自分《じぶん》を中心《ちゅうしん》としてするのではありません。この道《みち》を行《い》くためには、怨讐《おんしゅう》を愛《あい》さなければならないので、怨讐《おんしゅう》を愛《あい》するための雅量《がりょう》をもたなければなりません。幼《おさな》い時《とき》から、「私《わたし》は怨讐《おんしゅう》を愛《あい》さなければならない」という心《こころ》をもたなければなりません。

知識《ちしき》の道《みち》を磨《みが》いて、あらゆることを知《し》らなければなりません。前後左右《ぜんごさゆう》をえり分《わ》けることができ、上下《じょうげ》をえり分《わ》けることができ、分別《ぶんべつ》することができなければなりません。すべてをえり分《わ》けることができなければなりません。

堕落《だらく》とは何《なに》かというと、エバが前後《ぜんご》をえり分《わ》けることができなかったことです。そのために堕落《だらく》したのです。前後《ぜんご》をえり分《わ》けることができ、四方《ほう》をえり分《わ》けることができ、国《くに》の抱《かか》えているあらゆる問題《もんだい》、世界《せかい》の抱《かか》えているあらゆる問題《もんだい》をえり分《わ》けることのできる知識《ちしき》が必要《ひつよう》になるということを、皆《みな》さんは知《し》らなければなりません。

ですから、そのような知識《ちしき》を勉強《べんきょう》しようとすれば、小学校《しょうがっこう》から正常《せいじょう》なコースを経《へ》なければなりません。中学校《ちゅうがっこう》、高等学校《こうとうがっこう》を経《へ》て、大学《だいがく》に行《ゆ》かなければなりません。大学《だいがく》を終《お》えてから、博士《はくし》の道《みち》を行《い》かなければなりません。このように、行《い》けば行《い》くほどに良《よ》いのです。それで、この時間《じかん》を短縮《たんしゅく》して、神様《かみさま》の息子《むすこ》、娘《むすめ》になるということと同時《どうじ》に、神様《かみさま》の息子《むすこ》、娘《むすめ》をつくることのできる私《わたし》たちにならなければなりません。このようなことのために生死《せいし》を超《こ》えて、天《てん》をつかんで熱心《ねっしん》に努力《どりょく》すれば、皆《みな》さんが成《な》すすべてのことは、万事《ばんじ》がうまくいくでしょう。

それで、本当《ほんとう》に神様《かみさま》のために生《い》きていくために、神様《かみさま》はあまりにも遠《とお》くにいらっしゃるので、身近《みぢか》な兄弟姉妹《きょうだいしまい》を神様《かみさま》の代《か》わりに愛《あい》し、お父《とう》さん、お母《かあ》さんを神様《かみさま》の代身《だいしん》として孝行《こうこう》をするのです。分《わ》かりますか。そうすれば、その人《ひと》は兄弟姉妹《きょうだいしまい》の中《なか》でも模範《もはん》になり、家庭《かてい》の中《なか》でも、父母《ふぼ》はその人《ひと》を立《た》ててくれるのです。

今《いま》、神様《かみさま》に対《たい》することができないので、家庭《かてい》の中《なか》で父母《ふぼ》を愛《あい》することと同時《どうじ》に、国《くに》の主《しゅ》権者《けんしゃ》を愛《あい》するようにすれば、忠臣《ちゅうしん》の道理《どうり》をパスするのです。分《わ》かりますか。その次《つぎ》は、イエス様《さま》や聖人《せいじん》たちを、神様《かみさま》の愛《あい》をもって愛《あい》することにより、聖人《せいじん》の道理《どうり》をパスするのです。これは、飛躍《ひやく》する道《みち》ではなく、正常《せいじょう》の道《みち》を経《へ》て、そのような位置《いち》を引《ひ》き継《つ》げるということなのです。皆《みな》さんが、このことをよく知《し》って勉強《べんきょう》すれば、勉強《べんきょう》する過程《かてい》で、これらをみな引《ひ》き継《つ》げるようになるのです。

神様《かみさま》だけを愛《あい》するようになると、ジャンピングして、すべてを捨《す》てていかなければなりませんが、そうするのではなく、勉強《べんきょう》する過程《かてい》でそれらを順次的《じゅんじてき》に連結《れんけつ》させ得《う》る良《よ》い環境《かんきょう》にいるので、神様《かみさま》を愛《あい》する心《こころ》をもち、神様《かみさま》の息子《むすこ》、娘《むすめ》の立場《たちば》に立《た》って友達《ともだち》の間《あいだ》で手《て》本《ほん》を見《み》せてあげ、家庭《かてい》で手本《てほん》を見《み》せてあげ、国《くに》で手本《てほん》を見《み》せ、世界《せかい》で手本《てほん》を見《み》せてあげることができなければなりません。

外国《がいこく》であれば、外国人《がいこくじん》に対《たい》してもそうであり、大韓民国《だいかんみんこく》にいれば大韓民国《だいかんみんこく》の人《ひと》に対《たい》してもそうであり、黒人《こくじん》に対《たい》しても、そうすることができなければなりません。黒人《こくじん》に対《たい》しても、そのように愛《あい》し、自分《じぶん》と関係《かんけい》を結《むす》ぶため、心《こころ》の訓練《くんれん》ができる自由《じゆう》な環境《かんきょう》に立《た》っていることを知《し》り、そういう面《めん》で訓練《くんれん》することをお願《ねが》いします。分《わ》かりますか。そうしながら、勉強《べんきょう》は勉強《べんきょう》としてするのです。

「一挙両得《いっきょりょうとく》」とか「一石二鳥《いっせきにちょう》」という言葉《ことば》があるでしょう。それと同《おな》じ結果《けっか》をもたらし得《う》る、本当《ほんとう》に素晴《すば》らしい時代《じだい》なのです。ですから、このように貴《とうと》い時代《じだい》に、いたずらに日々《ひび》を送《おく》ることなく、男性《だんせい》がどうだとか、女性《じょせい》がどうだとかいう考《かんが》えはみな捨《す》てなさい。私《わたし》が決心《けっしん》した勉強《べんきょう》の道《みち》がすべて成就《じょうじゅ》する時《とき》まで、神様《かみさま》の息子《むすこ》、娘《むすめ》の権威《けんい》を備《そな》えて、神様《かみさま》を愛《あい》することにおいて第《だい》一の旗手《きしゅ》となり、その次《つぎ》に、その旗手《きしゅ》としてのみ旨《むね》を成《な》し遂《と》げる、全体《ぜんたい》に適応《てきおう》する自分《じぶん》になるために熱心《ねっしん》に勉強《べんきょう》することです。熱心《ねっしん》に勉強《べんきょう》する過程《かてい》においては、父母《ふぼ》の前《まえ》には孝行《こうこう》して、友人《ゆうじん》たちには神様《かみさま》の愛《あい》で兄弟姉妹《きょうだいしまい》の心情《しんじょう》を結《むす》び、国家《こっか》と民族《みんぞく》と世界《せかい》の前《まえ》には、自分《じぶん》のできる環境《かんきょう》で大《おお》いに忠誠《ちゅうせい》を尽《つ》くすことです。そのような、「一石二鳥《いっせきにちょう》」の立場《たちば》、「一挙両得《いっきょりょうとく》」の立場《たちば》を逃《のが》すことなく、熱心《ねっしん》に勉強《べんきょう》しながら努力《どりょく》することをお願《ねが》いします。これが、先生《せんせい》の頼《たの》みです。分《わ》かりましたか、分《わ》かりませんか。（分《わ》かりました）。

このことが確実《かくじつ》に分《わ》かれば、神様《かみさま》を信《しん》じなければなりませんか、信《しん》じなくてもいいですか。（信《しん》じなければなりません）。どのくらい信《しん》じなければなりませんか。（一〇〇パーセント以上《いじょう》です）。一〇〇パーセント以上信《いじょうしん》じなくてはなりませんね。次《つぎ》に、神様《かみさま》を愛《あい》さなければなりませんか、愛《あい》さなくてもいいですか。（愛《あい》さなければなりません）。お父《とう》さん、お母《かあ》さんよりも、その国《くに》の大統領《だいとうりょう》よりも、誰《だれ》よりも神様《かみさま》を愛《あい》さなければなりません。

ところで、それが私《わたし》にだけ及《およ》ぶのではなく、万民《ばんみん》にも及《およ》ばなければならないので、そのような範囲《はんい》を活用《かつよう》させ、拡大《かくだい》させなければならないので、生活《せいかつ》ではありったけの精誠《せいせい》を尽《つ》くし、勉強《べんきょう》もするのです。そうすることにより、未来《みらい》に全世界《ぜんせかい》における基盤《きばん》が待《ま》っているという希望《きぼう》をもち、一生懸命《いっしょうけんめい》喜《よろこ》んで勉強《べんきょう》するのです。その次《つぎ》に、内的《ないてき》に孝子《こうし》、忠臣《ちゅうしん》、聖人《せいじん》の道理《どうり》を身代《みが》わりする準備《じゅんび》をしなければなりません。

このようにして、神様《かみさま》の愛《あい》する息子《むすこ》、娘《むすめ》となり、さらに神様《かみさま》の愛《あい》する息子《むすこ》、娘《むすめ》たちをつくり、神様《かみさま》の前《まえ》にお返《かえ》しする皆《みな》さんになれば、皆《みな》さんは短《みじか》い人生《じんせい》の道《みち》で、どこの誰《だれ》よりも成功《せいこう》する人《ひと》になるでしょう。その時《とき》には、イエス様《さま》より立派《りっぱ》な皆《みな》さんになるでしょう。孔子《こうし》、釈迦《しゃか》が問題《もんだい》ではありません。そのようになれる道《みち》が皆《みな》さんにはあるということを知《し》って、熱心《ねっしん》に勉強《べんきょう》することをお願《ねが》いします。（一九七八・一〇・九）

第三節《だいせつ》　責任分担《せきにんぶんたん》と蕩減復帰《とうげんふっき》

1　神様《かみさま》が人間《にんげん》に責任分担《せきにんぶんたん》を下《くだ》さった理由《りゆう》

皆《みな》さんは、責任分担《せきにんぶんたん》を軽《かる》く思《おも》っているでしょう？　このことをよく知《し》らなければ、歴史《れきし》は解《と》けません。

なぜ、神様《かみさま》が責任分担《せきにんぶんたん》を与《あた》えたのでしょうか。神様《かみさま》は人間《にんげん》に責任分担《せきにんぶんたん》を与《あた》えたので、「取《と》って食《た》べるな」と言《い》われたのです。責任分担《せきにんぶんたん》を与《あた》えなければ、造《つく》られるや否《いな》や、赤《あか》ちゃんの時《とき》から愛《あい》し合《あ》わなければならないのです。分《わ》かりますか。思春期《ししゅんき》がなくなるのです。思春期《ししゅんき》というのは愛《あい》の成熟期間《せいじゅくきかん》であり、お互《たが》いが相対性《そうたいせい》を知《し》り、活動《かつどう》することのできる作用《さよう》が出《で》てこなければなりません。そうですね？

神様《かみさま》が、なぜ責任分担《せきにんぶんたん》を与《あた》えたのかというと、それは、成熟期《せいじゅくき》である思春期《ししゅんき》まで育《そだ》てるためです。もし、それがなかったならば、生《う》まれてすぐ、子供《こども》の時《とき》から結婚《けっこん》しなければならないのです。結婚《けっこん》とは何《なに》か分《わ》かりますか。子供《こども》にはできないのです。成熟期《せいじゅくき》という期間《きかん》を経《へ》て、大《おお》きくなるまで待《ま》たなければなりません。女性《じょせい》ならば、女性《じょせい》のあらゆる器官《きかん》が完成《かんせい》して、四肢《しし》五体《ごたい》が完全《かんぜん》に成熟《せいじゅく》し、同《おな》じように男性《だんせい》も成熟《せいじゅく》しなければなりません。ばったであっても、みな成熟《せいじゅく》してそうしているのに、なぜ人間《にんげん》だけが分《わ》からないのでしょうか。自分《じぶん》なりに、勝手《かって》に自分《じぶん》の相対《そうたい》を探《さが》しているのです。（一九八四・七・一〇）

2　責任分担《せきにんぶんたん》を中心《ちゅうしん》とした私《わたし》たちの生活姿勢《せいかつしせい》

皆《みな》さんは、気《き》になることがたくさんあるでしょう？　しかし、何《なに》が何《なん》だかよく分《わ》からなくて、尋《たず》ねることができないのですね。もし私《わたし》が皆《みな》さんに尋《たず》ねるとすれば、身《み》じろぎもできないでしょう。皆《みな》さんは責任分担《せきにんぶんたん》について分《わ》かっていますか。

さあ、皆《みな》さんは、その口《くち》で、「ああ、お父《とう》さん、お母《かあ》さん、御飯《ごはん》を食《た》べたいよ」と言《い》うのですが、それは責任分担《せきにんぶんたん》を完成《かんせい》した口《くち》でもって食《た》べるのでしょうか。その口《くち》は責任分担《せきにんぶんたん》を完成《かんせい》しましたか。（いいえ）。この手《て》はあいさつもしないで、しきりにつまんで食《た》べるのですが、「この手《て》よ、お前《まえ》は個人《こじん》の責任分担《せきにんぶんたん》を完成《かんせい》した立場《たちば》で御飯《ごはん》を食《た》べるのか」と言《い》わなければなりません。

また、目《め》もそうです。美男子《びだんし》と目《め》が合《あ》えば、追憶《ついおく》に残《のこ》り、気《き》になって会《あ》いたい思《おも》いになるのです。その目《め》に対して、「この目《め》よ、お前《まえ》は責任分担《せきにんぶんたん》を完成《かんせい》したのか。このろくでもない目《め》よ。お前《まえ》は、サタンの目《め》そっくりだな」と考《かんが》えてみたことがありますか。

これからは、原理的《げんりてき》に見《み》て、「ああ、私《わたし》がネックレスをするのは責任分担《せきにんぶんたん》を完成《かんせい》した首《くび》にかけるのだ」という考《かんが》えでなければなりません。ネックレスをかける時《とき》、「責任分担《せきにんぶんたん》を全《まっと》うできなかったけれど、仕方《しかた》なく許《ゆる》しを請《こ》いながらかけます。勉強《べんきょう》するためには支障《ししょう》があるのですが、多《おお》くの人々《ひとびと》が変《へん》に思《おも》うので仕方《しかた》なくかけるので許《ゆる》してください」と言《い》えば、神様《かみさま》は、「うん、そうしなさい」と言《い》われることでしょう。自慢気《じまんげ》に、「ああ、これをつけて、私《わたし》のきれいなことを自慢《じまん》しなくちゃ」と言《い》うようであってはなりません。この責任分担《せきにんぶんたん》で、すべてが変《か》わってしまうのです。

服《ふく》を着《き》る時《とき》も同《おな》じです。皆《みな》、どうしてそんなにおしゃれをして来《き》たのですか。女性《じょせい》たちは、みな服《ふく》を着替《きが》えて来《き》たのですか。一番良《いちばんよ》いものを着《き》て来《き》たのですか。この間《かん》、私《わたし》が約婚《やっこん》をしてあげるかもしれないと、それとなく暗示《あんじ》したからですか。皆《みな》さんがどんな姿《すがた》でやって来《く》るかと思《おも》えば、この者《もの》たち！　ルージュを塗《ぬ》ってはいけないと言《い》ったのに、なぜ塗《ぬ》ってきたのですか。（きょうは、特別《とくべつ》に御父母様《ごふぼさま》にお会《あ》いする日《ひ》だからと思《おも》ってです）。御父母様《ごふぼさま》にお会《あ》いするという言《い》い訳《わけ》は、私《わたし》には必要《ひつよう》ありません。私《わたし》は責任分担《せきにんぶんたん》でもって、その人《ひと》を見《み》るのです。

皆《みな》、なぜ指輪《ゆびわ》をつけているのですか。今《いま》まで、私《わたし》は一《ひと》つの指輪《ゆびわ》も身《み》につけませんでした。私《わたし》は指輪《ゆびわ》もつけず、腕時計《うでどけい》も、いつも外《はず》してしまい、このような格好《かっこう》で暮《く》らしているのです。先生《せんせい》も、「世界《せかい》と天宙《てんちゅう》の責任分担《せきにんぶんたん》を完成《かんせい》したのか」と問《と》うてみるのです。統一教会《とういつきょうかい》の教会員《きょうかいいん》は、個人《こじん》の責任分担《せきにんぶんたん》が何《なに》かを尋《たず》ね求《もと》め、「三十六家庭《かてい》」の家庭《かてい》の責任者《せきにんしゃ》は家庭《かてい》を中心《ちゅうしん》として身内《みうち》に尋《たず》ねてみるのですが、先生《せんせい》は天宙《てんちゅう》を中心《ちゅうしん》とする自《みずか》らの責任分担《せきにんぶんたん》を完成《かんせい》できたのかということを尋《たず》ねてみるのです。

女性《じょせい》たちは、腰《こし》が大《おお》きくなり、胸《むね》が大《おお》きくなってくると、「ああ、これはすぐに新郎《しんろう》が来《こ》られてー」と思《おも》わないでください。どうして顔《かお》を隠《かく》すのですか。そういう考《かんが》えをした者《もの》が顔《かお》を隠《かく》すのです。そういう考《かんが》えをしたことのない人《ひと》たちは、何《なに》が何《なん》だか分《わ》からないので、じっとしているのです。

そのように体《からだ》が成長《せいちょう》してくれれば、「この体《からだ》め！　お前《まえ》は責任分担《せきにんぶんたん》ということを知《し》っているのか」と言《い》ってみるのです。生理《せいり》になった時《とき》も、「この生理《せいり》め、責任分担《せきにんぶんたん》を知《し》っているのか。本然《ほんぜん》の位置《いち》で生理《せいり》になれば、どんなに良《よ》いことか分《わ》からないのに、今《いま》は死《し》の峠《とうげ》を越《こ》えなければならないのに、どうして生理《せいり》になるのか」と言《い》ってみるのです。生理《せいり》になるということは、もう赤《あか》ちゃんが生《う》めるので、新郎《しんろう》を迎《むか》えてもよいという予告《よこく》なのですが、「今《いま》は、ちょっと待《ま》ちなさい」と、言《い》ってみたことがありますか。

そういう考《かんが》えは今《いま》、私《わたし》が初《はじ》めて話《はな》すので実感《じっかん》するのですが、昔《むかし》は「原理《げんり》」も分《わ》からず、「責任分担《せきにんぶんたん》」という言葉《ことば》は分《わ》かっていても、こんなに深刻《しんこく》なこととは思《おも》わなかったのです。

（一九八四・七・一〇）

3　すべての制度《せいど》は責任分担《せきにんぶんたん》のもとに所属《しょぞく》する

学生《がくせい》は学生《がくせい》としての責任分担《せきにんぶんたん》を全《まっと》うしなければなりません。学校《がっこう》で定《さだ》めたすべてのことが責任分担《せきにんぶんたん》なのです。学生《がくせい》は、試験勉《しけんべん》強《きょう》をよくしなければなりません。それが、学生《がくせい》の責任分担《せきにんぶんたん》なのです。責任分担《せきにんぶんたん》による人格完成《じんかくかんせい》により、一《ひと》つの目的完成《もくてきかんせい》の資格者《しかくしゃ》として、価値《かち》を備《そな》えた資格者《しかくしゃ》として決定《けってい》するのです。それが、この世《よ》のすべての制度《せいど》なのです。それは、あらゆる法《ほう》にも通《つう》じ、あらゆる制度《せいど》にも通《つう》じるものです。分《わ》かりますか。責任分担《せきにんぶんたん》です。

小学校《しょうがっこう》の生徒《せいと》は、小学校《しょうがっこう》の生徒《せいと》としての責任分担《せきにんぶんたん》がありますか、ありませんか。（あります）。中《ちゅう》・高等学校《こうとうがっこう》はどうですか。（あります）。それでは、大学《だいがく》はどうですか。（あります）。博士《はくし》コースは？（あります）。夫婦同士《ふうふどうし》は？（あります）。子女《しじょ》と父母《ふぼ》の間《あいだ》には？（あります）。家庭《かてい》のすべての、おじいさん、おばあさん、お父《とう》さん、お母《かあ》さんの関係《かんけい》はどうですか。（あります）。すべてに責任分担《せきにんぶんたん》があるのです。ですから、法律《ほうりつ》を尊重視《そんちょうし》しなければならないのです。自分《じぶん》の思《おも》いどおりにしていては、行《い》く所《ところ》がなくなるのです。宇宙《うちゅう》が追《お》っ払《ぱら》ってしまうのです。いくらうまくいくみたいでも、駄目《だめ》になるのです。

すべてに責任分担《せきにんぶんたん》があるのです。御飯《ごはん》を食《た》べるとすれば、御飯《ごはん》を食《た》べるために満《み》たさなければならないことも、すべて責任分担《せきにんぶんたん》なのです。責任分担《せきにんぶんたん》をたくさんつくることのできる人《ひと》が、偉大《いだい》な人《ひと》だというのです。分《わ》かりますか。ですから、統一教会《とういつきょうかい》の先生《せんせい》は、責任《せきにん》分担《ぶんたん》の分量《ぶんりょう》をたくさんつくったでしょう? 制度《せいど》をたくさんつくりましたね。そして、全《ぜん》体《たい》を助《たす》けることのできる原則《げんそく》、法《ほう》を立《た》てたので、その規約《きやく》を守《まも》らなければなりません。自《じ》分勝手《ぶんかって》にあれこれしていれば、絶対追《ぜったいお》い払《はら》われるのです。分《わ》かりますか。アダムとエバも、あれこれと勝手《かって》に行動《こうどう》していたので、どうなりましたか。追《お》い払《はら》われたのですか、追《お》い払《はら》われなかったのですか。追《お》い払《はら》われたのですね。

今日《こんにち》、先生《せんせい》の時代《じだい》において、法《ほう》を定《さだ》めることは責任分担《せきにんぶんたん》の延長《えんちょう》であり、責任分担《せきにんぶんたん》の拡大《かくだい》であることを知《し》り、その法《ほう》に絶対順応《ぜったいじゅんのう》しなければなりません。分《わ》かりますか。教会《きょうかい》の規《き》定《てい》もみな、責任分担《せきにんぶんたん》なのです。ですから、礼拝時間《れいはいじかん》はきちんと守《まも》らなくてはなりません。礼拝《れいはい》が始《はじ》まる前《まえ》に来《こ》なければならないし、礼拝中《れいはいちゅう》には絶対動《ぜったいうご》いてはいけません。先生《せんせい》もそうしてきたのです。先生《せんせい》も昔《むかし》、学校《がっこう》に遅《おく》れた時《とき》は、その日《ひ》は昼食《ちゅうしょく》を食《た》べないで過《す》ごしました。必《かなら》ず五分前《ふんまえ》には行《い》くようにしたのです。前《まえ》もって行《い》けば、時間《じかん》を浪費《ろうひ》することがないのです。それはとても科学的《かがくてき》なのです。

私《わたし》が小学校《しょうがっこう》に通《かよ》った時《とき》は、二里《り》の道《みち》を歩《ある》いていったのです。二里《り》がどれくらいの距離《きょり》なのか分《わ》かりますか。（八キロメートルです）。八キロメートルを毎日《まいにち》のように、歩《ある》いて通《かよ》ったのです。それで、通学路《つうがくろ》の間《あいだ》に住《す》んでいる子供《こども》たちは、私《わたし》がきっちりその時間《じかん》に通《とお》り過《す》ぎるので、その時間《じかん》に家《いえ》を出《で》てくれば絶対遅刻《ぜったいちこく》しないのです。このように、すべてが科《か》学的《がくてき》なのです。ですから、峠《とうげ》ごとに子供《こども》たちが待《ま》っていたのです。私《わたし》は、とても速《はや》く歩《ある》くのです。八キロメートルを四十五分《ふん》で歩《ある》くのです。さっさっさっと、歩《ある》くのです。そうすると、あとをついてくるのが大変《たいへん》なのです。そういうことでも私《わたし》は有名《ゆうめい》でした。

私《わたし》には、そのような逸話《いつわ》がたくさんあるのです。そして、お父《とう》さん、お母《かあ》さんに学校《がっこう》に行《ゆ》くための準備《じゅんび》をさせたことはなく、みな自分《じぶん》で準備《じゅんび》して出掛《でか》けたのです。学校《がっこう》の校長先生《こうちょうせんせい》の所《ところ》に行《い》って口述試験《こうじゅつしけん》を受《う》ける時《とき》も、自分《じぶん》で交渉《こうしょう》したのです。すべて開拓《かいたく》してきたのです。すべてが創造《そうぞう》なのです。

ですから、皆《みな》さんは、すべての制度《せいど》が責任分担《せきにんぶんたん》のもとに所属《しょぞく》していることを知《し》らなければなりません。分《わ》かりますか。統一教会《とういつきょうかい》の法《ほう》を守《まも》らなければならないのです。皆《みな》さんは、敬礼式《けいれいしき》の時間《じかん》には起《お》きましたか。家《いえ》で敬礼式《けいれいしき》をしない人《ひと》は手《て》を挙《あ》げてみなさい。それが皆《みな》さんの責任分担《せきにんぶんたん》なのです。それ一《ひと》つもできなければ、今後《こんご》のすべて、皆《みな》さんの一生《いっしょう》の

問題《もんだい》が左右《さゆう》されるのです。(一九八四・七・一〇)

4　お父様《とうさま》の蕩減復帰《とうげんふっき》とその相続《そうぞく》

では、今《いま》までの責任分担《せきにんぶんたん》を中心《ちゅうしん》とした蕩減歴史《とうげんれきし》を、誰《だれ》が全《まっと》うしてきたのでしょうか。(お父様《とうさま》です)。では、それをお金《かね》でもって返《かえ》すことができますか。(できません)。皆《みな》さんの家《いえ》を売《う》って、国土《こくど》を売《う》って返《かえ》せますか。(できません)。それでは、何《なに》をすればいいのですか。することがないというのです。ただ、できるとすれば絶対服従《ぜったいふくじゅう》だけです。皆《みな》さん、二十代《だい》までは絶対服従《ぜったいふくじゅう》です。エデンの園《その》でアダムとエバが二十代《だい》になる前《まえ》にしり込《ご》みをしたので、堕落《だらく》したのです。自己主張《じこしゅちょう》したので堕落《だらく》したのです。

二十代《だい》までは、絶対服従《ぜったいふくじゅう》でなければなりません。ですから、子供《こども》たちも絶対服従《ぜったいふくじゅう》です。子供《こども》たちは絶対服従《ぜったいふくじゅう》を教《おし》えなくても、絶対服従《ぜったいふくじゅう》するようになっているのです。彼《かれ》らがもし父母《ふぼ》と一《ひと》つにならなかったならば、自《みずか》ら滅《ほろ》びるということを知《し》っているのです。神様《かみさま》と一《ひと》つにならなければ滅《ほろ》びるのです。

サタンがこれを知《し》っているので、今日《こんにち》のアメリカの一世《せい》は、旧時代《きゅうじだい》と現時代《げんじだい》をつなぐ父母《ふぼ》の言《い》うことを聞《き》かなければ、みな追《お》い出《だ》されてしまうのです。それなのにアメリカは反対《はんたい》をしているのです。サタンは本当《ほんとう》に名人《めいじん》の中《なか》の名人《めいじん》であり、世事《せじ》に精通《せいつう》しているのです。ですから、サタンはすべて裸《はだか》にしてから、それをほうり出《だ》したのです。それを知《し》ると、ヒッピー、イッピーはみな、大《たい》したものではないのです。

それゆえ、皆《みな》さんがこのようなことを知《し》ってみると、祝福《しゅくふく》を受《う》けた家庭《かてい》であるということが、どれほど驚《おどろ》くべきことなのか、よく知《し》らなければなりません。祝福家庭《しゅくふくかてい》が、どれほど大変《たいへん》な立場《たちば》なのかを知《し》らなければなりません。イエス様《さま》も成《な》せなかった位置《いち》なのです。イエス様《さま》が亡《な》くなってから二千年間《ねんかん》、キリスト教《きょう》は世界版図《せかいはんと》を築《きず》くために、どれほどの犠牲《ぎせい》の代価《だいか》を払《はら》ってきたことでしょうか。四百年間《ねんかん》、ローマ帝国《ていこく》の迫害時代《はくがいじだい》を経《へ》て今日《こんにち》まで、キリスト教《きょう》は、どれほど血《ち》を流《なが》してきたか知《し》れません。どの国《くに》でも、キリスト教《きょう》は血《ち》を流《なが》しながら、犠牲《ぎせい》になりながらも祝福《しゅくふく》の位置《いち》を得《え》ることができなかったのですが、今日《こんにち》、先生《せんせい》を通《とお》して成《な》し遂《と》げたのです。

ですから、皆《みな》さんのお父《とう》さん、お母《かあ》さんが祝福《しゅくふく》を受《う》けたという事実《じじつ》は、どれほど大変《たいへん》なことでしょうか。これは、どんなにお金《かね》を渡《わた》しても、取《と》り換《か》えることはできません。皆《みな》さんが言葉《ことば》でもって千年間感謝《ねんかんかんしゃ》しても、両手《りょうて》でもって万年踊《まんねんおど》りを踊《おど》っても、及《およ》ばない恵沢《けいたく》を受《う》けているというのです。そのような恩恵《おんけい》を受《う》けているということを、よく知《し》らなければなりません。

蕩減《とうげん》は先生《せんせい》が払《はら》って、福《ふく》は誰《だれ》が受《う》けたのでしょうか。(私《わたし》たちが受《う》けました)。「三十六家庭《かてい》」の皆《みな》さん、今《いま》、私《わたし》が監獄《かんごく》に行《ゆ》くとすれば心配《しんぱい》するでしょうか。目《め》をぱちくりさせて、「先生《せんせい》、行《い》くのですか」と思《おも》っているのでしょう? それでもかまいません。父母《ふぼ》は子供《こども》たちのために生《い》きるものであり、子供《こども》たちとは、そういうものです。父母《ふぼ》が苦労《くろう》することによって、子供《こども》たちが恵沢《けいたく》を受《う》けるのです。

その代《か》わり、皆《みな》さんもそのような恵沢《けいたく》を与《あた》え得《う》る父母《ふぼ》にならなければなりません。間違《まちが》いなく、そういう父母《ふぼ》になろうと思《おも》えば、なれるのです。そうするために皆《みな》さんは、伝統《でんとう》として先生《せんせい》の思想《しそう》を引《ひ》き継《つ》がなければなりません。「私《わたし》のおじいさん、おばあさんは、このような伝統《でんとう》を私《わたし》のお父《とう》さん、お母《かあ》さんに相続《そうぞく》させてくれたのですが、私《わたし》のお父《とう》さん、お母《かあ》さんは、私《わたし》たちにそのような伝統《でんとう》を相続《そうぞく》させてくれなかったので、私《わたし》は哀《あわ》れだ」と、皆《みな》

さんの後孫《こうそん》たちの前《まえ》で、讒訴《ざんそ》を受《う》けるような父母《ふぼ》になってはなりません。(一九八四・七・一〇)

5　私《わたし》たちが蕩滅《とうげん》の道《みち》を行《い》かなければならない理由《りゆう》

もし、堕落《だらく》しない本然《ほんぜん》の世界《せかい》が成《な》し遂《と》げられていたならば、統一教会《とういつきょうかい》に対《たい》して、ただ頭《あたま》から反対《はんたい》するのではなく、全面的《ぜんめんてき》に歓迎《かんげい》したことでしょう。ところがサタン世界《せかい》になったので、私《わたし》たちが再創造《さいそうぞう》しなければならないのです。再創造《さいそうぞう》するためには、反対《はんたい》の力《ちから》を凌駕《りょうが》(注《ちゅう》:上回《うわまわ》ること)しなければならないのです。そして、それ自体《じたい》を構成《こうせい》できる力《ちから》の余裕《よゆう》をもたなければなりません。力《ちから》の余裕《よゆう》がなくては、創造《そうぞう》ができないのです。ですから、今《いま》まで否定《ひてい》された反対《はんたい》の力《ちから》を除去《じょきょ》させるために、蕩滅《とうげん》の道《みち》が必要《ひつよう》であると統一教会《とういつきょうかい》ではいうのです。人類《じんるい》は堕落《だらく》してしまったのです。女性《じょせい》たちは何《なん》のことか分《わ》かりますか。

再創造《さいそうぞう》するためには、本来《ほんらい》、本性的《ほんせいてき》に投入《とうにゅう》した力《ちから》よりも、もっと投入《とうにゅう》しなければならないのです。建物《たてもの》を修理《しゅうり》しようとすれば、新《あたら》しく造《つく》るよりももっとかかるということと同《おな》じです。ですから、創造《そうぞう》よりも、修理《しゅうり》することのほうが手間《てま》がかかるように、創造《そうぞう》の時《とき》に投入《とうにゅう》したより以上《いじょう》にかかる蕩減《とうげん》という条件《じょうけん》を払《はら》わなければならないのです。そのような概念《がいねん》が分《わ》かりますか。蕩減《とうげん》の概念《がいねん》は、再創造《さいそうぞう》のためのものです。ですから私《わたし》たちには、再創造《さいそうぞう》のための蕩減《とうげん》が必要《ひつよう》なのです。

さあ、それではけさ、皆《みな》さんは蕩減《とうげん》を歓迎《かんげい》しますか、しませんか。（歓迎《かんげい》します）。なぜですか。それは、再創造《さいそうぞう》されて本然《ほんぜん》の人《ひと》になるためですね。復帰《ふっき》されるためです。本然《ほんぜん》の人《ひと》が現《あらわ》れた時《とき》には、本然《ほんぜん》のみ旨《むね》の道《みち》を行《い》く人《ひと》が出《で》てくるのです。皆《みな》さんは本然《ほんぜん》の人《ひと》ですか。堕落《だらく》した族属《チョクソク》（注《ちゅう》：血統関係《けっとうかんけい》の一族《いちぞく》）です。ですから、皆《みな》さんは蕩減《とうげん》を通《とお》して再創造《さいそうぞう》されなければならないのです。

私《わたし》たちには、蕩減《とうげん》の道《みち》が必要《ひつよう》なのです。皆《みな》さんは、この世《よ》を救《すく》うために蕩減《とうげん》の道《みち》を行《い》かなければなりません。イエス様《さま》ですら、いくら神様《かみさま》の本然《ほんぜん》の息子《むすこ》として生《う》まれたとしても、この世《よ》を救《すく》うためには蕩減《とうげん》の道《みち》を行《い》かなければならなかったのです。この世《よ》が完成《かんせい》されていなかったので、人々《ひとびと》がみな反対《はんたい》する中《なか》を、イエス様自身《さまじしん》も蕩減《とうげん》の道《みち》を行《い》かざるを得《え》ず、責任《せきにん》をもたざるを得《え》なかったのです。

先生《せんせい》は、皆《みな》さんをなぜ苦労《くろう》させるのでしょうか。それは蕩減《とうげん》の道《みち》を行《い》かなければならないからです。先生自身《せんせいじしん》も一生涯《いっしょうがい》、蕩減《とうげん》の道《みち》を行《い》こうとするのです。しかし、嫌々《いやいや》行《い》くのではありません。志願《しがん》して行《い》かなければならないのです。このことをよく知《し》らなければなりません。監獄《かんごく》へも、願《ねが》って行《い》かなければなりません。蕩減《とうげん》のために行《ゆ》かなければなりません。不平《ふへい》を言《い》えば蕩減《とうげん》にならないのです。皆《みな》さん、理解《りかい》できますか。

今《いま》からが始《はじ》まりです。いまに、「反対《はんたい》に歩《ある》け」と言《い》うかもしれません。「世《よ》が悪《あく》であるから、皆《みな》さんは反対《はんたい》に歩《ある》きなさい」と言《い》うかもしれません。今《いま》は世《よ》の中《なか》が反対《はんたい》になっているので、悪《わる》い人《ひと》と共《とも》に行《ゆ》けば悪《わる》くなるから、私《わたし》たちは反対《はんたい》に行《ゆ》かなければならないのです。そうすれば、善《ぜん》なる人《ひと》になれるのです。それが理論的《りろんてき》なのです。（一九八四・七・八）

6　万物復帰《ばんぶつふっき》をしなければならない理由《りゆう》

統一教会《とういつきょうかい》の会員《かいいん》には、蕩減《とうげん》の責任分担《せきにんぶんたん》があるということが分《わ》かりましたか。蕩減路程《とうげんろてい》を行《い》かなければなりません。

人間《にんげん》の責任《せきにん》とは何《なに》かというと、神様《かみさま》が人間《にんげん》を再創造《さいそうぞう》しようとするには所有《しょゆう》できるものが必要《ひつよう》なので、万物《ばんぶつ》を復帰《ふっき》しなければならないのです。分《わ》かりますか。堕落《だらく》した人間《にんげん》を再《さい》創造《そうぞう》しようとしても、万物《ばんぶつ》が神様《かみさま》の所有圏内《しょゆうけんない》にないのです。

堕落《だらく》したので、私《わたし》たちを再創造《さいそうぞう》するために必要《ひつよう》な、神様《かみさま》が所有《しょゆう》できる万物《ばんぶつ》がないのです。すべてサタンがもっていってしまったので、私《わたし》たちを再創造《さいそうぞう》するための万物《ばんぶつ》を神様《かみさま》の前《まえ》にお返《かえ》しして、それを通《とお》して私《わたし》たちが再創造《さいそうぞう》されるのです。私《わたし》たちを再創造《さいそうぞう》するための物質的要因《ぶっしつてきよういん》を神様《かみさま》に捧《ささ》げることにより、私《わたし》たちを再創造《さいそうぞう》したという条件《じょうけん》を立《た》てるのです。

この世《よ》の中《なか》で万物条件《ばんぶつじょうけん》を立《た》てて、お昼代以外《ひるだいいがい》はそれを神様《かみさま》の前《まえ》に捧《ささ》げるのです。その期間《きかん》は三年半《ねんはん》です。神様《かみさま》は七数《すう》を通《とお》して万物《ばんぶつ》を創造《そうぞう》したので、この万物《ばんぶつ》を探《さが》すためには三年半《ねんはん》を必要《ひつよう》とするのです。三年半《ねんはん》の間《あいだ》、心《こころ》と体《からだ》を尽《つ》くして精誠《せいせい》を込《こ》めなければなりません。

そこで、ありとあらゆる冷遇《れいぐう》を受《う》けて、涙《なみだ》も流《なが》し、あらゆることをみな体験《たいけん》するのです。逃《に》げ出《だ》したくなっても、どんなことがあっても耐《た》えていかなければなりません。ありとあらゆることにぶつかるのです。つばを吐《は》かれたり、足《あし》でけられるということにも直面《ちょくめん》するのです。

その位置《いち》で神様《かみさま》の心《こころ》を中心《ちゅうしん》として、皆《みな》さんを受《う》け入《い》れることができたならば、その家《か》庭《てい》は福《ふく》を受《う》けるのです。その家庭《かてい》が私《わたし》たちを有《あ》り難《がた》く思《おも》うようになれば、その家庭《かてい》は福《ふく》を受《う》けるのです。神様《かみさま》が干渉《かんしょう》できる圏内《けんない》に入《はい》ってくるからです。神様《かみさま》が干渉《かんしょう》できるのです。そのようにして、この地上《ちじょう》が明《あか》るくなるのです。

ですから、数多《かずおお》くの階層《かいそう》の人々《ひとびと》に、労働者《ろうどうしゃ》や乞食《こじき》に対《たい》してまでも、手《て》を広《ひろ》げて彼《かれ》らの所有《しょゆう》を一《ひと》つずつ集《あつ》め、これをみな天《てん》のものとするのです。エデンの園《その》で失《うしな》ったすべての万物《ばんぶつ》と同《おな》じものを捧《ささ》げるために、三年半《ねんはん》の間《あいだ》、ありとあらゆることを体験《たいけん》しながら、復帰《ふっき》するのです。

「これは神様《かみさま》の地《ち》ではありませんか」と。神様《かみさま》は本然《ほんぜん》の地《ち》でアダムとエバを造《つく》られたのに、彼《かれ》らが堕落《だらく》したことによって、本然《ほんぜん》の地《ち》も失《うしな》い、本然《ほんぜん》の人《ひと》もみな失《うしな》ったのですから、涙《なみだ》と血《ち》と汗《あせ》を通《とお》して探《さが》し出《だ》さなければなりません。皆《みな》さんを再創造《さいそうぞう》するための物質的起源《ぶっしつてききげん》がないので、このような万物《ばんぶつ》を天《てん》の前《まえ》に捧《ささ》げて、自《みずか》らを再創造《さいそうぞう》するのです。（一九八四・七・一〇）

7　伝道《でんどう》をしなければならない理由《りゆう》

皆《みな》さん、伝道《でんどう》はなぜするのでしょうか。サタンの侵入《しんにゅう》を受《う》けた物質《ぶっしつ》で再創造《さいそうぞう》された私《わたし》たちは、サタンから権限《けんげん》を奪《うば》ってこなければなりません。私《わたし》たちはサタン側《がわ》にいることはできないのです。ですから、サタンの権限《けんげん》を奪《うば》ってくるのです。私《わたし》たちは神様《かみさま》を愛《あい》し、神《かみ》様《さま》の法《ほう》を守《まも》り、世界人類《せかいじんるい》を探《さが》そうとする心情《しんじょう》で、どんなに天下《てんか》が反対《はんたい》しても前進《ぜんしん》していかなければなりません。

このような信念《しんねん》をもって前進《ぜんしん》していくのです。皆《みな》さんは、そのような気力《きりょく》を育《そだ》てなければなりません。

ですから、霊《れい》の息子《むすこ》、娘《むすめ》を探《さが》し出《だ》さなければなりません。それは、天使長《てんしちょう》を探《さが》すことになるのです。アダムには三天使長《てんしちょう》がいたのですが、みな失《うしな》ってしまったのです。それを復《ふっ》帰《き》しようとすれば、皆《みな》さんが三天使長《てんしちょう》を探《さが》さなければなりません。サタンの息子《むすこ》、娘《むすめ》、天《てん》使長《しちょう》の息子《むすこ》、娘《むすめ》の代《か》わりの、霊《れい》の息子《むすこ》、娘《むすめ》は、エデンの園《その》の三天使長《てんしちょう》たちと同《おな》じになるのです。それはカイン復帰《ふっき》です。旧約時代《きゅうやくじだい》、新約時代《しんやくじだい》、成約時代《せいやくじだい》、三時代《じだい》のカインをすべて復帰《ふっき》することになるのです。

そのために、ののしられたり、「自分《じぶん》の息子《むすこ》、娘《むすめ》を誘《さそ》い出《だ》した」とか言《い》って、男《おとこ》たちがやって来《き》たりして、村《むら》でありとあらゆる騒々《そうぞう》しいうわさが立《た》つことでしょう。

先生《せんせい》は一人《ひとり》を伝道《でんどう》するために、反対《はんたい》するその人《ひと》の家《いえ》で、一年《ねん》六カ月暮《げつく》らしたことがあります。完全《かんぜん》に伝道《でんどう》するまでは、ののしられたりするのですが、それが問題《もんだい》ではなく、また、冷遇《れいぐう》されるのが問題《もんだい》ではありません。（一九八四・七・一〇）

8　祝福子女《しゅくふくしじょ》たちも自分《じぶん》の責任分担《せきにんぶんたん》を果《は》たすこと

それから、学校《がっこう》を卒業《そつぎょう》して社会《しゃかい》に出《で》れば、社会《しゃかい》の法律《ほうりつ》をよく守《まも》らなければなりません。交通《こうつう》の秩序《ちつじょ》は、交通運行《こうつううんこう》においての責任分担《せきにんぶんたん》を完遂《かんすい》することです。学校《がっこう》の法《ほう》は、学校《がっこう》での生活《せいかつ》を完成《かんせい》させるための責任分担《せきにんぶんたん》です。それらを一《ひと》つ一《ひと》つ遂行《すいこう》していかなければならないのです。先生《せんせい》が小言《こごと》を言《い》った時《とき》、「ああ、あれ何《なん》だ。あれ、あれ」と言《い》っていいでしょうか。

皆《みな》さん、学校《がっこう》の先生《せんせい》たちの中《なか》で、勉強《べんきょう》を厳《きび》しく教《おし》えてくれる先生《せんせい》は良《よ》い先生《せんせい》ですか。ただ、いい加減《かげん》に教《おし》えてくれる先生《せんせい》が良《よ》い先生《せんせい》ですか。(厳《きび》しく教《おし》えてくれる先生《せんせい》です)。ところが、厳《きび》しく教《おし》えてくれる先生《せんせい》を好《す》きな学生《がくせい》は一人《ひとり》もいないのです。厳《きび》しく教《おし》えてくれる先生《せんせい》は良《よ》い先生《せんせい》なのに、そのような先生《せんせい》を好《す》きになる学生《がくせい》はいないのです。みんな反対《はんたい》なのです。だからといって、二人《ふたり》が共《とも》に同《おな》じようになったならば、その学校《がっこう》は滅《ほろ》びてしまうというのです。反対作用《はんたいさよう》をすることにより、学校《がっこう》も発展《はってん》できるのです。若《わか》い人《ひと》たちには、必《かなら》ず制度《せいど》が必要《ひつよう》だということです。自由《じゆう》は必要《ひつよう》ありません。分《わ》かりますか。そういうことなのです。

大学《だいがく》も出《で》ていない、社会《しゃかい》の経験《けいけん》もない若《わか》い人《ひと》の言葉《ことば》のままに行動《こうどう》したならば、国《くに》を売《う》り渡《わた》してしまうことになるのです。家《いえ》に帰《かえ》っても、学校《がっこう》にいても、まだまだ世《よ》の中《なか》を知《し》らない皆《みな》さんなのです。すべて、分《わ》からないのです。これからいろいろと習《なら》うことが多《おお》いので、三十歳《さい》までは自己主張《じこしゅちょう》してはいけないということです。

先生《せんせい》も、そのように考《かんが》えてきたのです。私《わたし》は三十歳《さい》になるまで、おなかのすかない日《ひ》はありませんでした。分《わ》かりますか。わざとそういう生活《せいかつ》をしてきたのです。服《ふく》はみな古物商《こぶっしょう》で買《か》い、においのするものを着《き》ていたのです。なぜかというと、女性《じょせい》が慕《した》ってついてこないようにするためです。そうでなくてもくっつくものが多《おお》いので、徹底《てってい》してきたのです。

また、一言《ひとこと》もしゃべらずに暮《く》らしてきたのです。私《わたし》が口《くち》を開《ひら》く時《とき》は、天下《てんか》が動《うご》く時《とき》だと思《おも》っていたので、むやみに言葉《ことば》をしゃべらなかったのです。その過程《かてい》で、私《わたし》の行《い》く道《みち》はまだ準備《じゅんび》することに忙《いそが》しかったのです。

祝福《しゅくふく》を受《う》けた者《もの》たちはみな、私《わたし》の世話《せわ》になって遊《あそ》んで暮《く》らしてきたのですね。私《わたし》の世《せ》話《わ》になって生《い》きる人《ひと》たちは、文先生《ムンせんせい》に対《たい》して負債《ふさい》を負《お》って暮《く》らすのではなく、天地《てんち》の前《まえ》に、神様《かみさま》の前《まえ》に、人類《じんるい》の前《まえ》に負債《ふさい》を負《お》って暮《く》らしているということを知《し》らなければなりません。世界《せかい》の前《まえ》に負債《ふさい》になり、人類《じんるい》の前《まえ》に負債《ふさい》になり、神様《かみさま》の前《まえ》に負債《ふさい》になって暮《く》らしているという考《かんが》えをもたなければなりません。

そして、「これは必《かなら》ず、死《し》ぬ前《まえ》には返《かえ》さないといけないものであり、自分《じぶん》の子供《こども》たちに返《かえ》さなければならないし、自分《じぶん》の親戚《しんせき》に返《かえ》していかなければならない」という、決意《けつい》をしなければならないのです。

私《わたし》は、そのような考《かんが》えをもって助《たす》けてあげているのです。それで世界《せかい》が生《い》きることができる土台《どだい》となるのです。私《わたし》が「三十六家庭《かてい》」に話《はな》したことは、「私《わたし》はあなた方《がた》の息子《むすこ》、娘《むすめ》を一人《ひとり》ずつ連《つ》れてきて教育《きょういく》し、着《き》させ、食《た》べさせてあげたので、あなた方《がた》も、私《わたし》の息子《むすこ》、娘《むすめ》に対《たい》して、私《わたし》がしたようにしなさい」ということです。そういうことなのです。借《か》りをつくってはなりません。

皆《みな》さんも、私《わたし》に助《たす》けてもらった分《ぶん》を、他《た》の人《ひと》に対《たい》して助《たす》けてあげるようにしなさいというのです。先生《せんせい》が皆《みな》さんを教育《きょういく》してあげたので、その負債《ふさい》を返《かえ》すために、一人《ひとり》でも教育《きょういく》して返《かえ》さなければならないのです。それができない時《とき》には、その民族《みんぞく》は滅《ほろ》びるのです。

では、奨学金《しょうがくきん》を受《う》けている人《ひと》たちは、責任分担《せきにんぶんたん》があるのでしょうか、ないのでしょうか。祝福家庭《しゅくふくかてい》の息子《むすこ》、娘《むすめ》として生《う》まれた人《ひと》たちには責任分担《せきにんぶんたん》があるのでしょうか、ないのでしょうか。それは他《た》の人《ひと》たちよりも多《おお》いはずです。責任分担《せきにんぶんたん》とは、このように重要《じゅうよう》なのです。責任分担《せきにんぶんたん》を十分《じゅうぶん》に全《まっと》うしなければなりません。それを越《こ》えなければなりません。そうでなければ、すべてが嫌《いや》になるのです。（一九八四・七・一〇）

9　責任分担《せきにんぶんたん》はすべての分野《ぶんや》の過程《かてい》にある

蕩滅《とうげん》と責任分担《せきにんぶんたん》の話《はなし》をしていると、こんなに長《なが》くなりました。さあ、結論《けつろん》を出《だ》しましょう。蕩滅復帰歴史《とうげんふっきれきし》は、幼《おさな》い時《とき》から年老《としお》いて死《し》ぬ時《とき》まで、また霊界《れいかい》に行《い》ってからも永遠《えいえん》について回《まわ》るものです。霊界《れいかい》に行《い》っても、責任分担《せきにんぶんたん》は残《のこ》っているのです。分《わか》りますか。霊界《れいかい》に行《い》って、高《たか》い世界《せかい》に上《あ》がれば上《あ》がるほど、より高《たか》い次元《じげん》の法《ほう》があるのです。そして、すべてに責任分担《せきにんぶんたん》がついて回《まわ》るのです。そのことをよく知《し》らなければなりません。

アダムとエバは、愛《あい》を中心《ちゅうしん》として完成《かんせい》しなければならなかったのに、愛《あい》の問題《もんだい》で間違《まちが》ったので、そのような責任分担《せきにんぶんたん》に引《ひ》っ掛《か》かったのです。責任分担《せきにんぶんたん》は、すべての分野《ぶんや》の過程《かてい》にあり、何《なに》かの目的《もくてき》を完成《かんせい》しようとすれば、そのような過程《かてい》を経《へ》なければなりません。過程《かてい》には、必《かなら》ず責任分担遂行《せきにんぶんたんすいこう》が連結《れんけつ》されるのです。ある時限《じげん》の過程《かてい》を経《へ》る時《とき》には、必《かなら》ず責任《せきにん》分担《ぶんたん》があるのです。それを成《な》さなければ、すべてのことが破壊《はかい》されるのです。（一九八四・七・一〇）

第四節《だいせつ》　真正《しんせい》な自由《じゆう》の道《みち》

1　自由《じゆう》に対《たい》する正《ただ》しい観念《かんねん》が必要《ひつよう》

皆《みな》さんは「平和《へいわ》、幸福《こうふく》、自由《じゆう》」と言《い》いますが、その自由《じゆう》とは何《なん》でしょうか。最近《さいきん》、一般《いっぱん》の人々《ひとびと》も「自由《じゆう》だ」と言《い》いますが、その自由《じゆう》とは何《なん》でしょうか。「自分《じぶん》の思《おも》いのままに生《い》きることが自由《じゆう》だ」と言《い》うのですが、自分《じぶん》の思《おも》いのままに生《い》きて、どこまで行《い》けるというのでしょうか。すべてには限界《げんかい》があるというのです。人間《にんげん》はどんなに生《い》きても、百年以上《ねんいじょう》長《なが》くは生《い》きられないのです。その百年《ねん》くらいの間《あいだ》に、私《わたし》たちは自由《じゆう》を求《もと》めて生《い》きていくのですが、もし法《ほう》もなく、思《おも》いのままに生《い》きるのが自由《じゆう》であるとするならば、その自由《じゆう》とは何《なん》でしょうか。

今日《こんにち》、文化《ぶんか》の世界《せかい》が猖獗《しょうけつ》（注《ちゅう》：たけだけしくも、あらあらしいこと）する中《なか》で、それを研究《けんきゅう》し、勉強《べんきょう》することは易《やさ》しいことでしょうか、難《むずか》しいことでしょうか。研究室《けんきゅうしつ》に閉《と》じこもって、ひたすら頭《あたま》にねじり鉢巻《はちま》きをして研究《けんきゅう》することは自由《じゆう》でしょうか、拘束《こうそく》でしょうか。答《こた》えてください。どう解釈《かいしゃく》するのですか。勉強《べんきょう》することが嫌《いや》であれば、勉強《べんきょう》することは自由《じゆう》でしょうか、拘束《こうそく》でしょうか。（拘束《こうそく》です）。では、なぜ求《もと》めて回《まわ》るのでしょうか。それが問題《もんだい》です。ですから、自由《じゆう》という概念《がいねん》を、どのように正《ただ》すかということが問題《もんだい》になるのです。自分《じぶん》の思《おも》いのままに生《い》きることが自由《じゆう》ではありません。

それでは、女性《じょせい》としての自由《じゆう》とは何《なん》でしょうか。男性《だんせい》としての自由《じゆう》とは何《なん》でしょうか。人間《にんげん》としての自由《じゆう》とは何《なん》でしょうか。家庭《かてい》としての自由《じゆう》とは何《なん》でしょうか。社会《しゃかい》としての自由《じゆう》とは何《なん》でしょうか。国家《こっか》としての自由《じゆう》とは何《なん》でしょうか。それが問題《もんだい》なのです。個人《こじん》として、皆《みな》さんは自分《じぶん》の思《おも》いのままにすることができますか。すべてが自由《じゆう》であれば、「私《わたし》は御飯《ごはん》を食《た》べたくない」と言《い》って、もし御飯《ごはん》を食《た》べなければ、その人《ひと》は死《し》んでしまうのです。それもまた、仕方《しかた》のないことです。

さらに、「私《わたし》は何《なに》も見《み》ない。それも自由《じゆう》だ」と言《い》って、何《なに》も見《み》ないでいてごらんなさい。その人《ひと》は、ただの盲人《もうじん》になるのみです。それが問題《もんだい》なのです。それで、今日《こんにち》の西欧社会《せいおうしゃかい》が滅《ほろ》びつつあるのです。彼《かれ》らには、自由《じゆう》の定義《ていぎ》が何《なに》か分《わ》からないのです。（一九八八・一〇・一六）

幸福《こうふく》の中《なか》に自由《じゆう》があるのでしょうか、自由《じゆう》の中《なか》に幸福《こうふく》があるのでしょうか。何《なに》の中《なか》に幸福《こうふく》があればよいのですか。皆《みな》さん、自由《じゆう》の中《なか》に幸福《こうふく》があればよいでしょうか。（幸福《こうふく》の中《なか》の自由《じゆう》です）。今《いま》までは、それが分《わ》からなかったのです。このように尋《たず》ねた時《とき》、「自由《じゆう》の中《なか》の幸福《こうふく》」と考《かんが》えるかもしれませんが、それは間違《まちが》いです。自由《じゆう》も幸福《こうふく》の中《なか》に入《はい》って休《やす》むことを願《ねが》うのであり、自由《じゆう》の中《なか》に幸福《こうふく》が宿《やど》るのではありません。幸福《こうふく》の中《なか》に自由《じゆう》が宿《やど》ろうとするのです。ですから自由《じゆう》というのは、一《ひと》つの方向性《ほうこうせい》であり、決定的行動《けっていてきこうどう》にはならないのです。それは、副次的《ふくじてき》であって、一次的《じてき》ではありません。（一九八八・一〇・一六）

2　自由《じゆう》の備《そな》えるべき三大原則《だいげんそく》

自由《じゆう》とは、原理《げんり》を離《はな》れた自由《じゆう》はないのです。既《すで》に、そのような観点《かんてん》からすべて分析《ぶんせき》して、先生《せんせい》がそのような規定《きてい》を下《くだ》したのです。原理《げんり》を離《はな》れた自由《じゆう》はありません。御飯《ごはん》を食《た》べなくてはならない時《とき》に、御飯《ごはん》を食《た》べなかったならば、それは自由《じゆう》ではありません。おなかがすくし、副作用《ふくさよう》が起《お》こります。御飯《ごはん》を食《た》べなければ、自《みずか》ら破壊《はかい》するのです。ですから、原理《げんり》原則《げんそく》を離《はな》れた自由《じゆう》はないのです。

このように見《み》た時《とき》、この宇宙《うちゅう》は運動《うんどう》し、全体《ぜんたい》が自由《じゆう》なのです。地球《ちきゅう》が一日《にち》に一回《ひとまわ》りすること自体《じたい》が、最大《さいだい》の自由《じゆう》なのです。そして月《つき》は、一カ月《げつ》に一回《ひとまわ》りし、地球《ちきゅう》は三百六十五日《にち》で太陽系《たいようけい》を一回《ひとまわ》りすることが自由《じゆう》なのです。そこで、「ああ、私《わたし》は嫌《いや》だ」と言《い》えば、存在《そんざい》価値《かち》を失《うしな》ってしまうのです。ですから、すべてのことにおいて、原理《げんり》原則《げんそく》を離《はな》れた自由《じゆう》はないということが理論的《りろんてき》であり、理《り》にかなっているのです。分《わ》かりますか。（はい）。みんなそうなっているのです。

それでは、先生《せんせい》に自由《じゆう》はあるでしょうか。それは、先生《せんせい》も同《おな》じです。原理《げんり》を離《はな》れた世界《せかい》で自由《じゆう》を追求《ついきゅう》するということは、破綻《はたん》をもたらすのです。先生《せんせい》が年《とし》を取《と》れば、年寄《としよ》りとして守《まも》らなければならない自由《じゆう》の法度《はっと》があるのです。年寄《としよ》りが若《わか》い娘《むすめ》に対《たい》して恋愛《れんあい》するとすれば、それは理《り》にかなっているでしょうか。世《よ》の中《なか》の人々《ひとびと》がみな笑《わら》うだろうし、つばを吐《は》くことでしょう。すべてのことは、原理《げんり》に合《あ》わなければならないのです。

また、自由《じゆう》には責任《せきにん》が伴《ともな》うのです。皆《みな》さんが行動《こうどう》したのちに、悪《わる》い結果《けっか》が残《のこ》されている

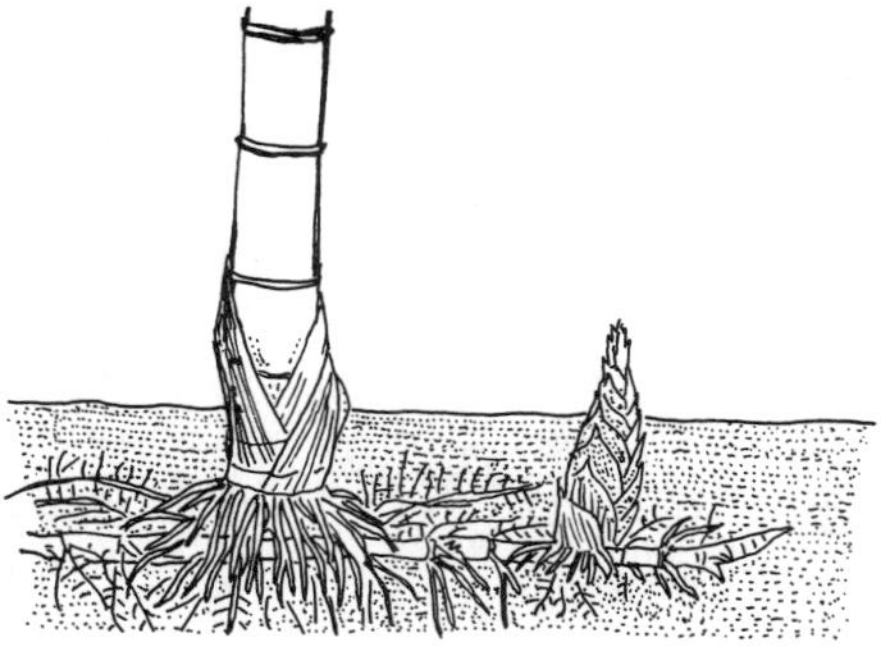

ようでは駄目《だめ》です。良《よ》い責任的立場《せきにんてきたちば》で歩《あゆ》まなくてはなりません。自分《じぶん》が行動《こうどう》したのちにおいて、全体《ぜんたい》が見《み》ても、その行動《こうどう》に尊敬《そんけい》できなくてはならないのです。ですから、自分《じぶん》が行《こう》動《どう》したのちにおいては、善《ぜん》の実績《じっせき》が残《のこ》されていなければなりません。それが、三大原則《だいげんそく》です。そうですか、そうではありませんか。（そうです）。「それでは何《なに》が自由《じゆう》なのか」と言《い》うような人《ひと》は、とんでもありません。家庭《かてい》に帰《かえ》って、「私《わたし》は、お父《とう》さん、お母《かあ》さんの支配《しはい》など受《う》けたくない。私《わたし》の思《おも》いどおりにするのが自由《じゆう》だ」という主張《しゅちょう》はできないのです。

御覧《ごらん》なさい。木《き》に例《たと》えれば、大《おお》きな幹《みき》と小《ちい》さな枝《えだ》があって、小《ちい》さな枝《えだ》が「私《わたし》は大《おお》きい幹《みき》とは関係《かんけい》ない」と言《い》ったとしても、大《おお》きな幹《みき》がなければ、自分《じぶん》を保護《ほご》し、自分《じぶん》の位置《いち》を決定《けってい》することはできないのです。この宇宙《うちゅう》の中《なか》で自分《じぶん》は東《ひがし》にいるのか、西《にし》にいるのか。これは、自分一人《じぶんひとり》だけで決定《けってい》できるでしょうか。東西南北《とうざいなんぼく》の四方《ほう》に調和《ちょうわ》していなければなりません。東《ひがし》側《がわ》に枝《えだ》があれば、必《かなら》ず西側《にしがわ》にも枝《えだ》がなくてはならないし、南《みなみ》側《がわ》にも、北側《きたがわ》にも枝《えだ》がなくてはなりません。

そして、竹《たけ》のように根《ね》を張《は》らなくてはなりません。そのような位置《いち》でこそ、自由《じゆう》が保障《ほしょう》されるというのです。そうでなければ、東側《ひがしがわ》の枝《えだ》がいくら偉《えら》いといっても、まっすぐな木《き》になることはできません。曲《ま》がってしまうのです。木《き》が育《そだ》つのも自由《じゆう》ですが、木《き》の目的《もくてき》があるのです。ですから、原理原則《げんりげんそく》を離《はな》れた自由《じゆう》はあり得《え》ず、責任《せきにん》を避《さ》けるような自由《じゆう》はあり得《え》ないのです。必《かなら》ず、行動《こうどう》して善《ぜん》なる実績《じっせき》を備《そな》えなければならないのです。（一九八八・一〇・一六）

3　悪魔《あくま》の便宜的《べんぎてき》な自由《じゆう》

最近《さいきん》の学生《がくせい》たちの姿《すがた》を見《み》てください。彼《かれ》らはみな、火炎瓶《かえんびん》を手《て》にして、すべてをたたき壊《こわ》しているのです。学校《がっこう》の器物《きぶつ》などを破壊《はかい》しているのです。それを世《よ》の中《なか》で何《なん》と言《い》うかというと、「悪魔《あくま》の独断主義者《どくだんしゅぎしゃ》だ」と言《い》うのです。世《よ》の中《なか》に、そんな者《もの》がどこにいますか！　それは、ふしだらなことであり、ふしだらなことをする者《もの》は、下《お》りていくしかありません。絶対《ぜったい》に上《のぼ》っていくことはできません。すべての人々《ひとびと》が支持《しじ》してこそ上《のぼ》っていくことができるのです。そうですね？　自分《じぶん》が育《そだ》つために必要《ひつよう》な栄養《えいよう》として、すべての元素《げんそ》を吸収《きゅうしゅう》し、それが自分《じぶん》にとっての後《うし》ろ盾《だて》となって大《おお》きくなっていくのです。

ところで、そのようなことをすべて無視《むし》して、「自由行動《じゆうこうどう》である」と言《い》って、破《は》壊的行動《かいてきこうどう》をとるようになる時《とき》、下《お》りていくしかないのです。そして、消《き》え去《さ》ってしまうのです。それでは、あまりにも問題《もんだい》が大《おお》きいのです。皆《みな》さんにとっても問題《もんだい》となることなのです。先生《せんせい》も、皆《みな》さんのような年齢《ねんれい》の時《とき》に、その問題《もんだい》で苦《くる》しんだことがあるのです。これは、すべての人《ひと》が苦《くる》しんできた問題《もんだい》なのです。

皆《みな》さん、このことをよく知《し》らなければなりません。自由《じゆう》には必《かなら》ず、何《なん》ですか。原理原則《げんりげんそく》を離《はな》れた自由《じゆう》はないのです。お父《とう》さん、お母《かあ》さんが結婚《けっこん》して、息子《むすこ》、娘《むすめ》が生《う》まれれば、お父《とう》さん、お母《かあ》さんの息子《むすこ》、娘《むすめ》であるという、その原理《げんり》を否定《ひてい》することはできません。そうですね。その事実《じじつ》の前《まえ》には順応《じゅんのう》しなければなりません。そのためには、お父《とう》さん、お母《かあ》さんと和合《わごう》をしなければなりません。互《たが》いに好《す》きにならなければなりません。私《わたし》だけが好《す》きなのでは駄目《だめ》です。お父《とう》さんも好《す》きで、お母《かあ》さんも好《す》きで、私《わたし》も好《す》きだというのが本当《ほんとう》の自由《じゆう》なのです。「私《わたし》だけが好《す》きでなければ駄目《だめ》だ」と言《い》うのは、悪魔《あくま》の便宜的《べんぎてき》（注《ちゅう》：一《いち》時《じ》の間《ま》に合《あ》わせ）自由《じゆう》です。すべてを破綻《はたん》させるための一《ひと》つの策略《さくりゃく》による自由行動《じゆうこうどう》なのです。それは、原理《げんり》を離《はな》れたことになるのです。（一九八八・一〇・一六）

4　女性《じょせい》の自由《じゆう》とは

女性《じょせい》として生《う》まれたならば、女性《じょせい》として行《い》く道《みち》があるのに、「ああ、私《わたし》は女性《じょせい》だけれど、自由《じゆう》があるので男性《だんせい》がすることをしよう」と言《い》うことは、いいことでしょうか。女性《じょせい》として生《う》まれたので、髭《ひげ》も生《は》えていないにもかかわらず「私《わたし》、髭《ひげ》を生《は》やしたい」と言《い》って、髭《ひげ》をもってきてつけてみなさい。いくら自由《じゆう》だからといって何日《なんにち》もつでしょうか。それが原《げん》理《り》の道《みち》です。女性《じょせい》としての原理《げんり》の道《みち》なのです。それが自由《じゆう》だというのでしょうか。

女性《じょせい》には一月《ひとつき》に一回《かい》ずつ生理《せいり》があるのですが、それを、「ああ、めんどうくさい。なくしてしまおう」と言《い》って、一度《ど》なくしてごらんなさい。なくすことができますか。なくす自信《じしん》がありますか。原理原則《げんりげんそく》には順応《じゅんのう》しなければなりません。女性《じょせい》であれば、女性《じょせい》としての原理原則《げんりげんそく》に順応《じゅうのう》しなければならないのです。

その次《つぎ》に、女性《じょせい》は女性《じょせい》としての責任《せきにん》を負《お》わなければなりません。女性《じょせい》の胸《むね》が大《おお》きいのは、赤《あか》ちゃんを育《そだ》てなければならない責任《せきにん》があるからです。それが自由《じゆう》なのです。赤《あか》ちゃんを生《う》んで育《そだ》てることは、最高《さいこう》の自由《じゆう》なのです。ですから、赤《あか》ちゃんを生《う》めないような女性《じょせい》は、半分《はんぶん》不《ふ》具《ぐ》者《しゃ》なのです。

いくら、大《おお》きな良《よ》いいが栗《ぐり》でも、秋《あき》になって実《み》を実《みの》らせることができなければ、そこで腐《くさ》ってしまうのです。熟《じゅく》してははぜることもできず、そのまま落《お》ちて腐《くさ》ってしまうのです。しかし、実《み》をはらんだいが栗《ぐり》は、その実《み》が腐《くさ》ってしまうことはできないので、しっかりと枝《えだ》にくっついているのです。どれだけしっかりとくっついているかというと、それが不思議《ふしぎ》なのです。栗《くり》を取《と》ってみたことがありますか。（はい）。

これがあとで、さっとこのように分《わ》かれるようになっているのです。ところが、これが熟《じゅく》していない時《とき》には、皮革《ひかく》と全《まった》く同《おな》じなのです。どんなにさすっても、違《ちが》うところが裂《さ》けてしまって、栗《くり》の実《み》は出《で》てこないのです。しかし、実《み》をはらんだ栗《くり》は、秋《あき》になったらすべてがよく実《み》を実《みの》らせるのです。そのように実《み》をはらむようになれば、実《み》が落《お》ちる前《まえ》に、栗《くり》はさっと自動的《じどうてき》にはぜるのです。

ですから実《み》をはらめなかった栗《くり》は、いくら大《おお》きくても、秋《あき》になればすべて、落《お》ちて腐《くさ》ってしまうのです。秋《あき》になると、実《み》をはらんだ栗《くり》は、口《くち》を開《ひら》いて、それを保護《ほご》しなければならない責任《せきにん》があるのです。それが原理《げんり》なのです。それが、原理的順理《げんりてきじゅんり》だというのです。原《げん》理《り》を離《はな》れた自由《じゆう》はないのです。

また、責任《せきにん》を負《お》わなければなりません。なぜ、責任《せきにん》を負《お》わなければならないのかというと、皆《みな》さんも赤《あか》ちゃんを生《う》んだ場合《ばあい》に、「ああ、お前《まえ》の思《おも》いどおりに育《そだ》ちなさい」と言《い》うことができるでしょうか。それは、連帯的責任《れんたいてきせきにん》なのです。父母《ふぼ》が私《わたし》たちをこのように育《そだ》ててくださったので、私《わたし》もそれと同《おな》じように育《そだ》ててあげなければならないのです。(一九八八・一〇・一六)

第五節《だいせつ》　み旨《むね》の道《みち》を行《い》く二世《せい》たちのとるべき姿勢《しせい》

1　生《せい》の目的《もくてき》を成就《じょうじゅ》するには

質問《しつもん》：（お父様《とうさま》が今《いま》まで過《す》ごされた中《なか》で、うれしかったことや悲《かな》しかったこと、大変《たいへん》だったことを少《すこ》しお話《はな》ししてください）。

悲《かな》しかったことと、うれしかったことと、そして何《なん》のことだって？（大変《たいへん》だったことです）。大変《たいへん》だったことが何《なに》かあったかな。人《ひと》は、自分《じぶん》の目的《もくてき》を定《さだ》めて仕事《しごと》をすれば大変《たいへん》なことも大変《たいへん》ではなく、悲《かな》しいことも悲《かな》しみではなくなるのです。自分《じぶん》の目的《もくてき》をもって進《すす》めば、難《むずか》しいこともあり得《え》ないし、悲《かな》しいこともあり得《え》ないのです。悲《かな》しんでいたら、その目的《もくてき》をどうやって成《な》せますか。

統一教会《とういつきょうかい》のみ旨《むね》の道《みち》がそうなのです。目的《もくてき》を定《さだ》めたならば、いかに大変《たいへん》であっても行《い》かなければならないし、涙《なみだ》が出《で》ても耐《た》えなければならないのです。目的《もくてき》をはっきりと定《さだ》めることにより、大変《たいへん》であれば大変《たいへん》なだけ、その目的《もくてき》がだんだん近《ちか》づいてくるし、また、涙《なみだ》を流《なが》す心情《しんじょう》があればあるほど、その目的《もくてき》のために涙《なみだ》を流《なが》すようになるというのです。そういうことを考《かんが》えた時《とき》、みな良《よ》いこととして考《かんが》え、良《よ》いこととして消化《しょうか》して喜《よろこ》ばなければなりません。そのように考《かんが》えればいいのです。

人《ひと》が何《なに》かの目的《もくてき》を定《さだ》めたとすれば、その目的《もくてき》を成《な》し遂《と》げるためには、時間《じかん》を投入《とうにゅう》しなければなりません。一年《ねん》、二年《ねん》、時間《じかん》を投入《とうにゅう》しなければならないのです。その次《つぎ》に、努《ど》力《りょく》をしなければなりません。いかに多《おお》くの努力《どりょく》をするかということなのです。その次《つぎ》に、精誠《せいせい》を尽《つ》くさなければなりません。ですから、時間《じかん》と何《なん》ですか。（努力《どりょく》です）。努力《どりょく》をするといっても、普通《ふつう》の努力《どりょく》では駄目《だめ》なのです。必《かなら》ず体《からだ》と心《こころ》が一《ひと》つになり、天《てん》に覚《おぼ》えられるように、精誠《せいせい》を尽《つ》くした努力《どりょく》をしなければなりません。そして、その量《りょう》が多《おお》くなればなるほど、その目的《もくてき》は近《ちか》づいてくるのです。

初《はじ》めに何《なん》ですか。時間《じかん》を消耗《しょうもう》しなければなりません。その次《つぎ》は？　（努力《どりょく》です）。その次《つぎ》は精誠《せいせい》です。その目的《もくてき》を成《な》し遂《と》げるために十年《ねん》かかることを、三年《ねん》のうちに成《な》そうとすれば、三倍以上《ばいいじょう》時間《じかん》を投入《とうにゅう》しなければならないのです。その次《つぎ》に、三倍以上努力《ばいいじょうどりょく》しなければならず、三倍以上精誠《ばいいじょうせいせい》を尽《つ》くさなければならないのです。これは簡単《かんたん》なことですか。(難《むずか》しいことです)。ですから、できないのですね。しかし、これは科学的《かがくてき》なのです。

結局《けっきょく》、どれだけの量《りょう》を投入《とうにゅう》するかということなのです。目的《もくてき》のためには、その目的《もくてき》が願《ねが》う量《りょう》よりも、時間《じかん》であるとか、精誠《せいせい》であるとか、努力《どりょく》する量《りょう》とかが大《おお》きければ、その目《もく》的《てき》は成《な》し遂《と》げられるのです。しかし、目的《もくてき》の基準《きじゅん》よりも、少《すく》なくなる時《とき》、それは成《な》し遂《と》げられないというのです。

皆《みな》さんは、どういう人間《にんげん》になりたいと思《おも》いますか。「私《わたし》は指導者《しどうしゃ》になりたい、私《わたし》は文《ぶん》学者《がくしゃ》になりたい、私《わたし》は科学者《かがくしゃ》になりたい」など、いろいろあるでしょう。皆《みな》さんが、そのような目的《もくてき》をしっかりと定《さだ》めたならば、その目的《もくてき》が大《おお》きければ大《おお》きいほど、そのために時《じ》間《かん》を投入《とうにゅう》しなければならず、努力《どりょく》をしなければならず、精誠《せいせい》を尽《つ》くさなければなりません。西洋《せいよう》の人《ひと》たちは、精誠《せいせい》ということがよく分《わ》かりません。

皆《みな》さんは時間《じかん》を投入《とうにゅう》して、努力《どりょく》をして、精誠《せいせい》を尽《つ》くさなければなりません。そして、その目的《もくてき》は自分《じぶん》のための目的《もくてき》ではなく、全体《ぜんたい》のための目的《もくてき》でなければなりません。ですから、時間《じかん》をたくさん投入《とうにゅう》しなければならないのです。寝《ね》る時間《じかん》がきても寝《ね》ることができず、他《た》の人《ひと》たちが遊《あそ》んでいても、遊《あそ》ぶことができないのです。皆《みな》さんは、そのように時間《じかん》をすべて投入《とうにゅう》しなければならないのです。

また、他《た》の人《ひと》がみな、友達《ともだち》と遊《あそ》び回《まわ》ったりしていても、皆《みな》さんは、一人寂《ひとりさび》しい生活《せいかつ》をしなければならないのです。皆《みな》さん、そうでしょう。精誠《せいせい》を尽《つ》くすということは、人《ひと》に対《たい》して精誠《せいせい》を尽《つ》くすことではないのです。神様《かみさま》であるとか、高《たか》い人《ひと》に対《たい》して「助《たす》けてください」と言《い》って、精誠《せいせい》を尽《つ》くすのです。ですから、そのためには、極《きわ》めて孤独《こどく》な立場《たちば》を経《へ》なければならないのです。いろいろと難《むずか》しいことがあるでしょうし、悲《かな》しいことが続《つづ》くでしょう。しかし、それを消化《しょうか》しなければならないのです。それを苦痛《くつう》に思《おも》ってはなりません。それを通過《つうか》することにより、自分《じぶん》の願《ねが》う目的《もくてき》も早《はや》く成《な》し遂《と》げられるのです。

統一教会《とういつきょうかい》もそうです。今《いま》まで統一教会《とういつきょうかい》の経《へ》てきた道《みち》も、大韓民国《だいかんみんこく》すべてが反対《はんたい》し、世界全体《せかいぜんたい》が反対《はんたい》する道《みち》でした。実際《じっさい》、そのことは悲《かな》しいことでも苦痛《くつう》でもありません。しかし、そのようなことがあればあるほど、結果的《けっかてき》に良《よ》くなるので、世界《せかい》のすべての人々《ひとびと》が関心《かんしん》をもつようになるのです。目的《もくてき》を中心《ちゅうしん》として見《み》ると、悲《かな》しいこと、難《むずか》しいことが悪《わる》いことではないのです。そのことが分《わ》かるようになれば、悲《かな》しいとか、つらいとは思《おも》わなくなり、消化《しょうか》することができるようになるのです。

この世《よ》では、自分《じぶん》の目的《もくてき》もたずに、ただ泣《な》く人《ひと》は泣《な》いて流《なが》されてしまうのです。また、悲《かな》しんだり、つらかったりすることがあってもみな、それは流《なが》れてしまうのです。しかし、目的《もくてき》を中心《ちゅうしん》として行《い》く道《みち》には、悲《かな》しみがあり、苦痛《くつう》があっても、それは必《かなら》ず残《のこ》るようになるのです。必《かなら》ず、後代《こうだい》や私《わたし》の一生《いっしょう》において、その代価《だいか》を得《え》ることができるのです。ですから、それは、つらくてもつらいことではなく、悲《かな》しくても悲《かな》しいことではないのです。

（一九七八・一〇・九）

2　復帰歴史《ふっきれきし》を早《はや》く終結《しゅうけつ》させるには

質問《しつもん》：（私《わたし》たちが大《おお》きくなれば、将来《しょうらい》、することがたくさんあります。私《わたし》たちの将来《しょうらい》に対《たい》して、少《すこ》し、お話《はなし》をしてください。私《わたし》たちが完全《かんぜん》に大《おお》きくなっても、この世《よ》の人々《ひとびと》が復帰《ふっき》されていなければ、私《わたし》たちの父母《ふぼ》のように、私《わたし》たちも公的路程《こうてきろてい》を歩《あゆ》まなければならないのですか。またその時《とき》になれば、みな復帰《ふっき》されていて、私《わたし》たちは芸術活動《げいじゅつかつどう》とか自分《じぶん》がしたい特技活動《とくぎかつどう》をすることができるのですか。具体的《ぐたいてき》なお話《はなし》をしてください）。

復帰歴史《ふっきれきし》がいつ終《お》わるのかという問題《もんだい》は、単純《たんじゅん》な内容《ないよう》ではなく、膨大《ぼうだい》な内容《ないよう》です。復《ふっ》帰歴史《きれきし》は、これからも長《なが》い期間続《きかんつづ》くでしょう。世界《せかい》の人々《ひとびと》、四十億人類《おくじんるい》がすべて、み旨《むね》の中《なか》で一《ひと》つになって立《た》ち返《かえ》らなければ、復帰歴史《ふっきれきし》は終《お》わらないのです。ですから、復帰歴史《ふっきれきし》は、きょう、あすに終《お》わるものではありません。これは、先生《せんせい》が始《はじ》めたのですが、皆《みな》さんのお父《とう》さん、お母《かあ》さんを中心《ちゅうしん》として続《つづ》いており、皆《みな》さんの代《だい》にも、その歴史《れきし》は続《つづ》いていくでしょう。

それでは、どうすれば復帰歴史《ふっきれきし》を早《はや》く終結《しゅうけつ》させることができるのでしょうか。それは、各自《かくじ》の努力《どりょく》によって決定《けってい》されるのですが、その努力《どりょく》は、どのようなクラスを通《とお》して努力《どりょく》するのかが問題《もんだい》になるのです。高位層《こういそう》、上流《じょうりゅう》社会《しゃかい》なのか、中流《ちゅうりゅう》社会《しゃかい》なのか、下流《かりゅう》社会《しゃかい》なのか。その次《つぎ》には、上流階級《じょうりゅうかいきゅう》の人々《ひとびと》なのか、中流階級《ちゅうきゅうかいきゅう》の人々《ひとびと》なのか、下層階級《かそうかいきゅう》の人々《ひとびと》なのか。このように見《み》た時《とき》、世界人類《せかいじんるい》を主導《しゅどう》できる頂上《ちょうじょう》の人々《ひとびと》を変《か》えることができれば一番早《いちばんはや》いというのです。

それとは反対《はんたい》に、復帰歴史《ふっきれきし》を労働者《ろうどうしゃ》から先《さき》に始《はじ》めたのでは、何千年《なんねん》かかるか分《わ》からないのです。頂上《ちょうじょう》に上《あ》がり、ぐるぐる回《まわ》ってそれらを屈服《くっぷく》させるまでには、何《なん》百年《ねん》、何《なん》千年《ねん》かかるか分《わ》からないのです。

もし、早《はや》く韓国《かんこく》を復帰《ふっき》するためには、韓国《かんこく》の大統領《だいとうりょう》を早《はや》く伝道《でんどう》して、食口《シック》を多《おお》くつくらなければなりません。早《はや》く日本《にっぽん》を復帰《ふっき》するためには、日本《にっぽん》の中心《ちゅうしん》となる人々《ひとびと》が早《はや》く復《ふっ》帰《き》されなければなりません。このように見《み》るのです。そのように考《かんが》えた時《とき》、今日《こんにち》、皆《みな》さんはどのような道《みち》を選《えら》ぶべきなのでしょうか。「お父《とう》さん、お母《かあ》さんが行《い》ったと同《おな》じように、ただ守《まも》って行《い》けばいいだろう。そうすれば、復帰歴史《ふっきれきし》が成《な》し遂《と》げられるだろう」と、そのように思《おも》っていてはいけないのです。

それでは、皆《みな》さんはどのように生《い》きなければならないのでしょうか。熱心《ねっしん》に勉強《べんきょう》をして、世界《せかい》のすべての国《くに》の指導者《しどうしゃ》をみな、一人一人《ひとりひとり》伝道《でんどう》しなければならないのです。今《いま》、ここには何人《なんにん》いますか。百人《にん》ですか。（九十六人《にん》でしたが、きょう四人来《にんき》たので、ちょうど百人《にん》です）。それでは、百人《にん》が一《ひと》つの国《くに》から一人《ひとり》ずつ、すなわち、三年間《ねんかん》で一《ひと》つの国《くに》の大統領《だいとうりょう》を一人伝道《ひとりでんどう》できるようになるか、または、皆《みな》さん百人《にん》が、百カ国《こく》に散《ち》らばって三年間伝道《ねんかんでんどう》すれば、この世界《せかい》はどのようになると思《おも》いますか。早《はや》く復帰《ふっき》されるのですね。

ですから、復帰歴史《ふっきれきし》の道《みち》を行《い》く若者《わかもの》たちは、世界《せかい》の指導者《しどうしゃ》を復帰《ふっき》するために、彼《かれ》ら以上《いじょう》に学《まな》ばなければならず、彼《かれ》ら以上《いじょう》に実力《じつりょく》がなければならないのです。国《くに》を治《おさ》める問題《もんだい》であるとか、人間《にんげん》に対《たい》する問題《もんだい》であるとか、社会《しゃかい》に対《たい》する問題《もんだい》であるとか、世界《せかい》に対《たい》する問題《もんだい》であるとか、歴史《れきし》に対《たい》する問題《もんだい》であるとか、哲学《てつがく》に対《たい》する問題《もんだい》であるとか、科学《かがく》に対《たい》する問題《もんだい》であるとか、様々《さまざま》な問題《もんだい》において、その人《ひと》たちをみな指導《しどう》できる能力《のうりょく》がなければ不可能《ふかのう》なのです。

ですから、神様《かみさま》もそうなのです。神様《かみさま》の役事《やくじ》も、メシヤを真理《しんり》の王《おう》として送《おく》るのです。真理《しんり》と知恵《ちえ》と愛《あい》の王《おう》として送《おく》り、すべての人間《にんげん》たちが分《わ》からなかったことを教《おし》えてあげ、人々《ひとびと》がそれをすべて学《まな》ぶことができる立場《たちば》に立《た》たせて、早《はや》く復帰《ふっき》するための役事《やくじ》をされるのです。(一九七八・一〇・九)

3　まず熱心《ねっしん》に勉強《べんきょう》しなさい

復帰歴史《ふっきれきし》を短縮《たんしゅく》させることができたならば、どのような世界《せかい》になるでしょうか。この世《よ》には平和《へいわ》が訪《おとず》れ、愛《あい》の世界《せかい》となり、神様《かみさま》のみ旨《むね》が成《な》し遂《と》げられた世界《せかい》となるのです。人間《にんげん》が希望《きぼう》する理想世界《りそうせかい》が実現《じつげん》するのです。

そして、戦《たたか》いのない世界《せかい》となり、国境《こっきょう》のない世界《せかい》となり、すべての偉業《いぎょう》を相続《そうぞく》する世《せ》界《かい》となるのです。そのような世界《せかい》を人類《じんるい》は追求《ついきゅう》してきたのです。しかし、そのような世《せ》界《かい》が実現《じつげん》できなかったので、必《かなら》ずそのような世界《せかい》を成《な》し遂《と》げなければなりません。ですから、すべての問題《もんだい》を解決《かいけつ》するために、皆《みな》さんはこれから努力《どりょく》をして、「私《わたし》は世界《せかい》を救《すく》おう。良《よ》い世界《せかい》をつくることに責任《せきにん》をもとう」と言《い》えるようでなければなりません。そのような夢《ゆめ》をもって、果《は》てしなく努力《どりょく》しなければならないのです。

努力《どりょく》をしなければならず、時間《じかん》を投入《とうにゅう》しなければならず、精誠《せいせい》を尽《つ》くさなければなりません。その量《りょう》が多《おお》ければ多《おお》いほど、皆《みな》さんは立派《りっぱ》な人《ひと》になり、この世界《せかい》に影響《えいきょう》を及《およ》ぼすような主体的《しゅたいてき》な人《ひと》になって、外的世界《がいてきせかい》は相対的立場《そうたいてきたちば》に立《た》つことにより、神様《かみさま》の歴史《れきし》が、摂理《せつり》が短縮《たんしゅく》されるのです。そのような結論《けつろん》になるのです。ですから今《いま》、皆《みな》さんは、「私《わたし》が全世界《ぜんせかい》を救《すく》うのだ」と考《かんが》えることは良《よ》いことなのです。

しかし今《いま》、現実的《げんじつてき》な問題《もんだい》を中心《ちゅうしん》として考《かんが》えなければならないことは、大韓民国《だいかんみんこく》のどんな高等学校《こうとうがっこう》の学生《がくせい》よりも熱心《ねっしん》に勉強《べんきょう》をして、優秀《ゆうしゅう》な成績《せいせき》を取《と》ることです。また、外国《がいこく》のどんな若者《わかもの》よりも優秀《ゆうしゅう》な実力《じつりょく》をもたなければなりません。そうすることによって、この世《よ》の復帰摂理《ふっきせつり》は短縮《たんしゅく》されるのです。それをなさなければ、天国《てんごく》に行《ゆ》けないのです。さあ、分《わ》かった人《ひと》は自《みずか》らの目標《もくひょう》をしっかりと定《さだ》めて、それを中心《ちゅうしん》として一生懸命勉強《いっしょうけんめいべんきょう》してください！（はい）。

皆《みな》さんの立場《たちば》では、あれもこれもみなしたいでしょう？ある時《とき》は、マラソン大会《たいかい》に行《い》ってみると、観衆《かんしゅう》が歓声《かんせい》を上《あ》げて、歓呼《かんこ》しているのを見《み》ると、自分《じぶん》も走《はし》りたくなるのですね。しかし、あれこれすべてすることはできないのです。まず一《ひと》つのことを早《はや》く定《さだ》めてから、専門的《せんもんてき》な分野《ぶんや》で最高《さいこう》の基準《きじゅん》に到達《とうたつ》して、その後《ご》に、それを補強《ほきょう》するための次《つぎ》の勉強《べんきょう》をしなければならないのです。

すなわち、文学《ぶんがく》であるとか、哲学《てつがく》であるとか、科学《かがく》であるとか。補強《ほきょう》するために、それだけの努力《どりょく》と時間《じかん》が必要《ひつよう》なのです。その次《つぎ》に、精誠《せいせい》を尽《つ》くさなければならないのです。それは限《かぎ》りがないのです。分《わ》かりますか。遊《あそ》ぶ暇《ひま》はありません。今《いま》、そのような戦《たたか》いに皆《みな》さんは入《はい》っているのです。ですから今《いま》、皆《みな》さんに、他《た》の道《みち》はないのです。熱心《ねっしん》に勉強《べんきょう》しな

ければなりません。(一九七八・一〇・九)

4　何《なに》よりも重要《じゅうよう》なことは勉強《べんきょう》である

質問《しつもん》:(私《わたし》たちがこれから大《おお》きくなれば、世界《せかい》に出《で》て、しなければならないことがたくさんあります。そうなれば、多《おお》くの人々《ひとびと》に会《あ》うようになります。そのためには会話《かいわ》が必要《ひつよう》なので、ペンパルをしたりして、社会《しゃかい》の知識《ちしき》をたくさん知《し》っておくのもよいと思《おも》いますが?)。

それは、皆《みな》さんが勉強《べんきょう》をすべてしてから、職場生活《しょくばせいかつ》をするとか、先生《せんせい》になったのちにでもできることです。自分《じぶん》の専門分野《せんもんぶんや》の勉強《べんきょう》をする時《とき》は、そんなに外的《がいてき》に広《ひろ》げてしまうと、勉強《べんきょう》も駄目《だめ》になってしまいます。あれこれしても駄目《だめ》なのです。二《ふた》つのうちの一《ひと》つをしなければなりません。皆《みな》さんは、ペンパルも、外的《がいてき》な社交生活《しゃこうせいかつ》も、みな必要《ひつよう》とするかもしれませんが、今一番必要《いまいちばんひつよう》なことは勉強《べんきょう》なのです。その場《ば》において、優秀《ゆうしゅう》な成績《せいせき》を収《おさ》めることが最《もっと》も貴《とうと》いことなのです。他《た》のことは、それが終《お》わってから、いくらでもできることです。

本《ほん》を書《か》く時《とき》は、誰《だれ》でも一ページ目《め》を書《か》いてから、次《つぎ》に新《あたら》しいページを書《か》くのです。一ページをすべて書《か》かないでおいて、新《あたら》しいページを書《か》いてはなりません。一《ひと》つ一《ひと》つを終結《しゅうけつ》させてから、次《つぎ》のことをして、また次《つぎ》のことをするようにすれば、それは自分《じぶん》と関係《かんけい》がもてるようになるのであって、途中《とちゅう》で廃止《はいし》してしまえば、自分《じぶん》と何《なん》ら関係《かんけい》がなくなってしまうのです。関係《かんけい》がないだけでなく、それは何《なに》もしなかったことよりも悪《わる》いというのです。ですから、皆《みな》さんは今《いま》、ペンパルだの何《なん》だのと、そのような考《かんが》えをもつ必要《ひつよう》はないのです。外《そと》に出《で》ていって何《なに》かの活動《かつどう》をする必要《ひつよう》もないし、教則《きょうそく》によって決《き》められたことに、満点《まんてん》を取《と》るために、どれだけ努力《どりょく》をするのかということが一番貴《いちばんとうと》いことなのです。ですから、じっくりと勉強《べんきょう》しなければなりません。

勉強《べんきょう》がよくできれば、皆《みな》さんがじっとしていて何《なに》も考《かんが》えなくても、上《うえ》の人《ひと》たちがみなやってくれるのです。その学校《がっこう》の全生徒《ぜんせいと》から敬《うやま》われ、先生《せんせい》から褒《ほ》められるようになれば、その人《ひと》を選《えら》んでアメリカに送《おく》って勉強《べんきょう》をさせるのです。「嫌《いや》だ」と言《い》っても、勉強《べんきょう》させてくれるのです。皆《みな》さんが、世界《せかい》の問題《もんだい》を考《かんが》えなくても、世界《せかい》の人《ひと》たちから歓迎《かんげい》されて、世界舞台《せかいぶたい》へと出《で》ていくようになるのです。しかし、いくら大《おお》きな夢《ゆめ》をもって世界的《せかいてき》な交流《こうりゅう》をしたりしても、それができなければすべて駄目《だめ》になるのです。

ですから、自分《じぶん》の受《う》け持《も》った分野《ぶんや》で、忠実《ちゅうじつ》に実績《じっせき》をつくる人《ひと》は、必《かなら》ずその周囲《しゅうい》から全《ぜん》体《たい》の代表《だいひょう》に立《た》たせられ、高《たか》い所《ところ》に立《た》つようにと後援《こうえん》されるのです。それが天理《てんり》です。これこそ天地創造《てんちそうぞう》の原則《げんそく》であるということを悟《さと》ることです。ですから、心配《しんぱい》せずに、現実《げんじつ》に忠実《ちゅうじつ》であることを学《まな》ぶことが一番良《いちばんよ》いことなのです。

5　み旨《むね》の道《みち》を行《い》く二世《せい》たちがとるべき姿勢《しせい》

前《まえ》もって準備《じゅんび》しない人《ひと》は滅《ほろ》びるのです。準備《じゅんび》した人《ひと》は滅《ほろ》びそうになる時《とき》に、防備《ぼうび》することによって生《い》き残《のこ》れますが、準備《じゅんび》をしない人《ひと》は滅《ほろ》びるのです。先生《せんせい》はスポーツの中《なか》で、したことのないものはありません。ですから、熱心《ねっしん》に勉強《べんきょう》してください。分《わ》かりますか。(はい)。

皆《みな》さんが、四年間《ねんかん》の大学課程《だいがくかてい》を一年間《ねんかん》ですべて終《お》え、次《つぎ》に、体《からだ》を鍛《きた》え、神様《かみさま》にとって必要《ひつよう》な勇士《ゆうし》となり、義勇軍《ぎゆうぐん》の資格者《しかくしゃ》となりたいという心《こころ》をもつことは、極《きわ》めて神聖《しんせい》なことです。そのような心《こころ》をもつ国《くに》と民族《みんぞく》があれば、その国《くに》は滅《ほろ》びることがありません。北《きた》の軍《ぐん》隊《たい》よりも、統一教会《とういつきょうかい》の皆《みな》さんがもっと熱心《ねっしん》にならなければなりません。

柳寛順《ユグァンスン》が十六歳《さい》の時《とき》に、国《くに》を愛《あい》し、国《くに》を取《と》り戻《もど》すために犠牲《ぎせい》になったことは、どれほど若者《わかもの》たちの胸《むね》に、爆発的《ばくはつてき》な愛国心《あいこくしん》を呼《よ》び覚《さ》ましたことでしょうか。それを知《し》らなければなりません。それと同《おな》じことです。私《わたし》も、皆《みな》さんのような年齢《ねんれい》の時《とき》に、命《いのち》を覚悟《かくご》して、この道《みち》を選《えら》んだのです。十代《だい》の青少年期《せいしょうねんき》に、この道《みち》を出発《しゅっぱつ》したのです。

柳寛順

それで、先生《せんせい》は学校《がっこう》に通《かよ》っている時《とき》も、ちゃんとした服《ふく》を着《き》たことはなかったのです。一年中《ねんじゅう》ずっと古着《ふるぎ》を着《き》ていたのです。今《いま》でも古着屋《ふるぎや》はありますか。昔《むかし》は古着屋《ふるぎや》がたくさんあったのです。学生服《がくせいふく》も一番《いちばん》あかがくっついていて、つるつるして脂《あぶら》がたまったものを着《き》て通《かよ》ったのです。ですから、においがひどく臭《くさ》かったのです。

皆《みな》さんは、天命《てんめい》による天道《てんどう》、天法《てんぽう》を立《た》てることのできる道《みち》を行《い》かなければなりません。すべての厳《きび》しい風霜《ふうそう》を経《へ》てお父《とう》さんやお母《かあ》さん、家族《かぞく》からみな離《はな》れていかなければなりません。涙《なみだ》をのんで、耐《た》えて笑《わら》いながら越《こ》えていかなければならないのです。先生《せんせい》は、そのような業《わざ》を断行《だんこう》することに、ためらわなかったので、今日《こんにち》、レバレンド・ムーンが敗者《はいしゃ》の杯《さかずき》を飲《の》まずに、勝者《しょうしゃ》の権威《けんい》をもつことができたという事実《じじつ》を、皆《みな》さんは知《し》らなければなりません。（一九八一・四・一）

アメリカを見《み》てごらんなさい。二億《おく》四千万《まん》の民《たみ》がレバレンド・ムーン一人《ひとり》を捕《と》らえるために、今《いま》まで、国務省《こくむしょう》と国会《こっかい》を動員《どういん》して、ありとあらゆることをしてきたのです。それで私《わたし》は国会《こっかい》と闘《たたか》い、ホワイトハウスと闘《たたか》って、勝利《しょうり》したのです。今《いま》では、アメリカの人々《ひとびと》が、「レバレンド・ムーンはジャイアント（巨人《きょじん》）だ」と言《い》うのです。「巨人《きょじん》」という別名《べつめい》がついたのです。分《わ》かりますか、何《なん》のことか。ですから、「ニューヨーク・タイムズ」と闘《たたか》うということは、誰《だれ》にでもできることではないのです。「彼《かれ》らと戦《たたか》い続《つづ》けよ」と言《い》って、言論界《げんろんかい》を革命《かくめい》するのです。

皆《みな》さんは、そのような訓練《くんれん》を受《う》けて、このようなすべての血統的《けっとうてき》なことと心情関係《しんじょうかんけい》を結《むす》び、決意《けつい》と決断《けつだん》を下《くだ》して勝利《しょうり》しなければ、世界的《せかいてき》な指導者《しどうしゃ》になることはできないのです。ですから、成功《せいこう》を願《ねが》うならば、言《い》い換《か》えれば、幸福《こうふく》を願《ねが》うならば、戦《たたか》いの過程《かてい》と逆境《ぎゃっきょう》の過程《かてい》を克服《こくふく》しなければなりません。勝利《しょうり》の覇権《はけん》をもったのちにのみ、勝者《しょうしゃ》の栄光《えいこう》の日《ひ》があり、勝者《しょうしゃ》の幸福《こうふく》の理想《りそう》があるのです。敗者《はいしゃ》には、幸福《こうふく》も理想《りそう》もあり得《え》ないのです。敗者《はいしゃ》は、哀《あわ》れなものなのです。

今《いま》まで先生《せんせい》は、大韓民国《だいかんみんこく》から背反《はいはん》を受《う》け、あらゆる迫害《はくがい》を受《う》けてきたのですが、今日《こんにち》、勝利者《しょうりしゃ》となってみると、この民族《みんぞく》も賛美《さんび》せざるを得《え》ない、そのような基盤《きばん》をつくったのです。皆《みな》さん、分《わ》かるでしょう？　勉強《べんきょう》をして、優等生《ゆうとうせい》にならなければなりません！　先生《せんせい》は、そうしたのです。他《た》の人《ひと》が十年《ねん》かかってする勉強《べんきょう》を、三年《ねん》の間《あいだ》でやってのけたのです。精神統一《せいしんとういつ》とは、恐《おそ》ろしいものです。

皆《みな》さんの立《た》つ舞台《ぶたい》は韓国《かんこく》ではありません。世界的舞台《せかいてきぶたい》なのです。そのために万般《ばんぱん》の準備《じゅんび》を整《ととの》えるのです。分《わ》かりますか。皆《みな》さんの先生《せんせい》は、素晴《すば》らしい人《ひと》なのです。先生《せんせい》はとてつもないことをしているのです。とてつもない決意《けつい》をして、多方面《たほうめん》での基盤《きばん》をつくっているのです。ですから、大統領《だいとうりょう》が先生《せんせい》に、「私《わたし》の国《くに》を生《い》かしてください」と頼《たの》むような基盤《きばん》になってきたのです。夢《ゆめ》のような話《はなし》です。

皆《みな》さんは、国《くに》を指導《しどう》することのできる、そのような実力《じつりょく》をもって、あすの後継者《こうけいしゃ》として堂々《どうどう》といで立《た》つ群《む》れにならなければなりません。そのように決意《けつい》する祝福《しゅくふく》「三十六家庭《か てい》」の子女《しじょ》たちには、多《おお》くの若者《わかもの》たちが、青少年《せいしょうねん》たちが従《したが》ってくるのです。我《わ》が統一教会《とういつきょうかい》の群《む》れの未来《みらい》に、光明《こうみょう》が訪《おとず》れてくることを早《はや》く悟《さと》り、力強《ちからづよ》く進《すす》まなければなりません。分《わ》かりましたか、分《わ》かりませんか。（分《わ》かりました）。

先生《せんせい》のみ言《ことば》を一〇〇パーセント理解《りかい》して、何《なん》でもすることができなければなりません。いつでも爆発《ばくはつ》できる爆弾《ばくだん》となり、また、何《なん》でも撃破《げきは》することのできる、神様《かみさま》が必要《ひつよう》とする愛《あい》の原子爆弾《げんしばくだん》にならなければいけないのです。そして、きれいになくなってしまわなければならないのです。ですから、永遠《えいえん》なる愛《あい》の旗《はた》をもち、神様《かみさま》の前《まえ》に進軍《しんぐん》するのです。（アーメン）。（一九八一・四・一二）

6　ナンバーワンの人《ひと》になりなさい

皆《みな》さんは、責任《せきにん》を果《は》たせないような父母《ふぼ》の血筋《ちすじ》を引《ひ》き継《つ》がないで、前進的《ぜんしんてき》で、進取的《しんしゅてき》な先生《せんせい》の伝統《でんとう》を引《ひ》き継《つ》がなければなりません。（アーメン）。

アーメンとは、どういう意味《いみ》か分《わ》かりますか。アーメンは「エイ・マン」（A man）です。エイ・マンですから、アーメンは、「ナンバーワン・マン」です。「ナンバーワン・マン！」。そのように考《かんが》えるのです。祈祷《きとう》の最後《さいご》には、「真《まこと》の父母様《ふぼさま》のみ名《な》によって祈祷《きとう》いたします」と言《い》って、ナンバーワン・マンであるという意味《いみ》で「アーメン」と言《い》うのです。分《わ》かりましたか。アーメンは何《なん》なのですか。（ナンバーワン・マンです）。

妻《つま》をめとる時《とき》は、お姫様《ひめさま》をめとり、お嫁《よめ》に行《ゆ》く時《とき》は、王子様《おうじさま》の所《ところ》に行《ゆ》くのです。そして姑《しゅうとめ》、舅《しゅうと》に、君主《くんしゅ》に仕《つか》えるように仕《つか》えるのです。王《おう》と王妃《おうひ》に侍《はべ》るように、姑《しゅうとめ》、舅《しゅうと》に侍《はべ》らなければなりません。法度《はっと》がいくら大変《たいへん》であっても、その法度《はっと》をためらわずに消化《しょうか》して、余《あま》りある者《もの》になるのです。（アーメン！）。

それは、どんなに素晴《すば》らしいことでしょうか。（そうです）。王子《おうじ》に侍《はべ》り、王女《おうじょ》に侍《はべ》る、そういう新郎《しんろう》となり、新婦《しんぷ》となるのは簡単《かんたん》でしょうか。難《むずか》しいのですね。ですから、難《むずか》しいことをやってのける人《ひと》は、ナンバーワン・マンなので、それが、アーメンなのです。皆《みな》さん、新郎《しんろう》をもらうならば、先生《せんせい》のような新郎《しんろう》をもらいたいでしょうか。答《こた》えてください。新郎《しんろう》をもらう時《とき》、先生《せんせい》よりも、もっと素晴《すば》らしい新郎《しんろう》をもらいたいですか、駄目《だめ》な新郎《しんろう》をもらいたいですか。先生《せんせい》みたいな新郎《しんろう》をもらえたらいいですか、もっと優《すぐ》れた新郎《しんろう》をもらえたらいいですか。男性《だんせい》たちは、お母様《かあさま》よりも、もっと優《すぐ》れた新婦《しんぷ》をもらいますか、駄目《だめ》な新婦《しんぷ》をもらいますか。（優《すぐ》れた新婦《しんぷ》です）。

ですから、先生以上《せんせいいじょう》にしないといけないし、お母様《かあさま》が責任《せきにん》をもったこと以上《いじょう》にしなければならないというのです。（一九八一・四・一二）

小・中学生のための訓読教材
真の子女の生活——天一国の道しるべ　定価（本体1,200円+税）

2004（平成16）年５月２１日　初　版 発行
2009（平成21）年３月１８日　第５刷 発行

編　著　者　世界基督教統一神霊協会
発　行　所　株式会社　光言社
〒150-0042　東京都渋谷区宇田川町37-18
電話代表（03）3467-3105
営業（03）3460-0429
印　刷　所　株式会社　現　文

ISBN978-4-87656-997-7 C0016